호시노 리조트 스토리

## 호시노 리조트 스토리

**초판 1쇄 발행**   2024년 12월 16일

**저 자**      윤경훈 · 전복선
**발행처**      예미
**발행인**      황부현
**기 획**      박진희
**편 집**      김정연
**디자인**      이창욱

**출판등록**    2018년 5월 10일(제2018-000084호)

**주소**       경기도 고양시 일산서구 강성로 256, B102호
**전화**       031)917-7279    **팩스**  031)911-5513
**전자우편**    yemmibooks@naver.com
**홈페이지**    www.yemmibooks.com

ⓒ 윤경훈 · 전복선, 2024

**ISBN** 979-11-92907-63-5 03320

# 호시노 리조트 스토리

## 컨셉이 뛰어노는 호텔

윤경훈 · 전복선 지음

예미

# 추천사

한일 양국은 활발한 교류를 통해 함께 발전해 왔으며, 이제는 서로 다양한 지역을 여행하며 더 깊은 이해와 우정을 쌓고 있습니다. 이런 가운데, 일본 관광업계를 대표하는 호시노 리조트의 이야기를 들여다보는 것은 한국 관광산업뿐만 아니라 다양한 기업들에게도 도움이 될 것입니다.

한일 교류 '세토(SETO)포럼' 명예 이사장, (전) 삼성 재팬 사장 **이수철**

일본에는 100년이 넘는 역사를 가진 기업이 3만 3천여 개에 이릅니다. 일본의 노포 기업들은 저마다 저력을 갖고 있지만, 호시노 리조트처럼 혁신적으로 가업을 계승한 곳은 드뭅니다. 이 책은 경영자와 직원이 함께 위기를 기회로 바꾼 다양한 스토리를 통해 전통과 혁신이 어우러진 성공 비결을 전하고 있습니다.

LS그룹 이사회 의장 **구자열**

경영자들이 꿈꾸는 이상적인 직원들이 있는 호시노 리조트. 직원들의 열정을 이끌어내고, 혁신적인 서비스를 제공하며, 일본다움을 현대적으로 풀어내는 그들의 경영에 관한 세세한 스토리를 한국 최초로 담아낸 이 책에서 다양한 인사이트를 얻을 수 있습니다.

한국도레이그룹 대표 **이영관**

전통 료칸을 넘어 글로벌 리조트로 거듭나기까지 호시노 리조트의 끊임없는 시스템 혁신, 창의적 조직관리, 고객가치증대를 넘어 지역사회와 소통하고 지역다움을 추구하는 생생한 감동 스토리가 담겨 있는 책. 관광 및 숙박산업의 리더를 꿈꾸는 모든 이들에게 추천합니다.

한양대학교 관광학부 학부장 **신학승**

호시노 리조트에 대한 책의 발간은 호텔업계에 몸담고 있는 한 사람으로서 정말 반가운 소식입니다. 호텔과 경영 전문가 부부가 수년간 직접 취재하고 인터뷰한 살아 있는 내용들을 통해 호스피탈리티Hospitality 산업으로서의 진정성 있는 철학과 새로운 트렌드뿐만 아니라 다양한 영감을 얻을 수 있습니다.

파라다이스 시티 상무이사 **여은주**

호시노 리조트! 한국에서는 특히 호텔리어들에게 유명한 리조트이며, 늘 서비스와 경영 혁신을 고민할 때 첫 번째로 떠오르는 곳입니다. 이번에 그들의 스토리를 생생히 전달해 주는 귀한 책을 단숨에 읽었습니다. 경영자를 꿈꾸는 모든 이들이 반드시 읽어야 할 책으로 추천합니다.

메이필드 호텔 대표 **김영문**

# 《호시노 리조트 스토리》의 발간을 축하하며
호시노 요시하루 대표 서문

저희 호시노 리조트 110년의 이야기가 한 권의 책으로 한국에 소개된다는 사실이 무척 설레고 기쁩니다.

최근 몇 년 동안 저는 한국을 직접 방문하여 프레스 발표회를 진행해 왔으며, 방문할 때마다 한국 관광산업의 발 빠른 변화를 실감하곤 했습니다.

저희 호시노 리조트는 럭셔리 브랜드인 '호시노야' 부터 패밀리 브랜드인 '리조나레' 그리고 온천료칸 브랜드 '카이', 도시관광호텔의 '오모', 젊고 자유로운 호텔 브랜드 '베브'까지 한국분들의 다양한 니즈를 만족시킬 만한 브랜드를 갖추었으며 한국분들이 많이 방문하고 있는 지역에까지 운영시설을 확대하고 있습니다. 저희에게 한국은 중요한 고객임과 동시에 많은 인사이트를 제공하는 곳이니만큼 이번 책의 발간이 여러모로 의미가 깊습니다.

이 책에는 저와 직원들, 그리고 지역주민들이 함께해 온 생생한 이야기가 담겨 있습니다. 호시노 리조트는 호텔이라는 곳이 지역의 매력을 발굴하고 주민들과 함께 만들어 가는 공간이며, 직원들이 자발적으로 아이디어를 내고 고객과 소통하며 성장해 나갈 때 진정한 휴식의 가치를 제공할 수 있다고 믿습니다.

저는 이 책을 통해 저희가 그러한 휴식의 가치를 공유하며 열정으로 일구어 온 오랜 여정을 회상할 수 있었습니다. 그리고 저희가 만들어 온 다양한 공간의 스토리가 독자 여러분께 영감을 드릴 수 있다면 좋겠다는 생각이 들었습니다. 그런 의미에서 호시노 리조트를 직접 체험하고, 저를 비롯하여 많은 직원들과 인터뷰를 진행하시고 오랜 시간 공을 들여 이렇게 한국에서 처음으로 호시노 리조트에 관한 책을 집필해 주신 윤경훈 교수님과 전복선 작가님께 진심으로 감사의 마음을 전합니다.

그리고 마지막으로 호시노 리조트를 사랑해 주시는 한국의 고객들께 감사의 마음을 전하며, 앞으로 어느 시설을 방문하시든 저희는 한국의 여러분을 진심을 다해 따뜻하게 맞이할 것을 약속드리겠습니다. 감사합니다.

2024년 12월

호시노 요시하루

# 차례

# 우리는 왜 호시노 리조트에 갔을까?

프롤로그

2014년 2월 9일, 도쿄에는 60년 만의 폭설이 내렸다. 시라카와고 白川村: 세계문화유산으로 지정된 일본의 유명 관광지 행 패키지 여행을 신청하고 두어 달을 기다렸던 우리 부부는 걱정을 한가득 안고 여행사 버스에 앉아 있었다. 혹시나 일정이 취소될까 전전긍긍하는 마음과 함께 다행히 신주쿠를 출발했지만, 얼마 가지 않아 고속도로 휴게소에서 버스는 멈춰 섰다. 여행사 직원은 본사와 한참 전화 통화를 한 뒤 승객들에게 폭설로 인해 일정을 취소하고 도쿄로 돌아가야 한다고 말했다. 여기저기서 한숨과 탄

식이 터져 나왔고 우리 역시 실망, 황당, 분노의 순서로 감정이 격해지고 있던 찰나였다. 갑자기 그 직원이 버스 통로에서 도게자 土下座: 무릎을 꿇고 이마를 바닥에 닿도록 하는 절. 우리나라의 석고대죄와 비슷하다고 생각하면 된다. 를 하는 것이 아닌가? 모두의 실망감보다 폭설이 그의 죄는 아니라는 측은지심이 더 커지면서 모두가 기대했던 여행은 한 시간 만에 끝이 났다.

짐을 챙겨 집을 나선 이상 어디로든 가야만 했던 우리는 도쿄로 되돌아오는 버스 안에서 필사적인 검색을 했다. 그리고 우리가 찾은 곳은 호시노 리조트 Hoshino Resorts 의 카이 이토 KAI ITO 였다. 당시 '호시노 리조트'라는 이름만 믿고 선택을 했던 이곳은 상처받은(?) 우리를 따뜻하게 맞아 주었을 뿐만 아니라, 10년 후 이 책이 발간되는 소중한 인연이 되어 주었다. 체크인부터 시작해 고객을 대하는 직원들의 예사롭지 않음을 지난 10년 동안 호텔에서 일을 한 경험이 있는 필자가 눈치채는 것은 어렵지 않은 일이었다. 태도는 능동적이었고, 어떻게 해야 고객들이 좋아할지 알고 움직이는 것 같았다. 기계적인 움직임이 아니라 스스로 생각하고 움직이는 것이 보였다.

카이 이토에 머문 뒤 호시노 리조트에 대해서 관심을 갖게 되었고, 연재하던 매거진에 호시노 리조트의 칼럼을 게재하게 되면서 2015년 4월 15일, 처음 호시노 리조트의 프레스 발표회에 참석하게 되었다. 프레스 발표회는 여러모로 신선했다. 일단 호텔 업계에서 이렇게 정기적으로 발표회를 갖는다는 것은 처음 들어 보는 일이었다. 호시노 대표는 명료하고 확신에 찬 자신만의 화법으로 구체적인 자료들을 제시하며 계획과 비전을 제시했다. 게다가 프레젠테이션을 하는 직원들은 열정을 갖고 자신들의 시설을 소개했는데, 빨간 망토를 입고 사과를 들고 나온 직원의 깜찍한 등장은 아직도 기억이 생생하다. 후에 호시노 대표와 마케팅 담당 직원과의 인터뷰를 통해 이 모든 아이디어는 해당 시설 직원들의 자발적인 회의를 통한 결과라는 사실을 알게 되었다. 다 큰 어른들이 유치원생 학예회 같은 연출을 하는데도 손발이 오그라들지 않았던 것은 그들의 자발적인 참여에서 나오는 에너지 때문이었던 것이다.

그 후 우리 부부는 기회가 닿을 때마다 호시노 리조트의 시설을 찾아다녔다. 둘이서는 가루이자와의 브레스톤 코트Bleston Court에 머물렀고, 부모님의 칠순에는 가루이자와의 호시노야HOSHINOYA를 찾았다. 딸이 태어난 뒤로는 가족친화형 브랜드인 리조나레RISONARE를 찾아다녔는데 아타미, 야쓰가타케, 나스, 토마무, 고하마지마 등을 방문했다. 코로나가 한창일 때는 야외활동과 비대면 서비스가 인상적이었던 호시노야 후지에서 마스크를 벗고 숨을 틔울 수 있었다. 그리고 책을 쓰기로 마음을 먹기 시작하면서 호시노야 다케토미지마, 호시노야 도쿄, 호시노야 오키나와, 아오모리야Aomoriya, 오이라세 계류 호텔Oirase Keiryu Hotel, 오모5OMO5 도쿄 오쓰카, 오모7OMO7 오사카, 베브5BEB5, 카이 마쓰모토, 카이 나가토까지 전국 방방곡곡 특별한 스토리가 있는 곳을 찾아다녔다. 본격적으로 책을 쓰기로 하고 호시노 리조트에 협조를 구한 뒤부터는 호시노 요시하루星野佳路 대표와 인터뷰를 두 차례 가졌고, 시설을 방문할 때마다 지배인들과 따로 만나 인터뷰를 했다.

우리가 이렇게 전국의 호시노 리조트를 찾아다니고 긴 시간을 들여 이 책을 쓰는 이유는 사실 단 하나다. 호시노 리조트를 한국에 제대로 알리고 싶은 마음 때문이다. 아니, 한국에서 제대로 호시노 리조트를 알았으면 하는 마음이라고 표현하는 것이 더 정확하다. 외국에 살면 애국자가 된다는 말은 과장이 있을지언정 거짓은 아니다. 모두 정도의 차이와 형태의 차이는 있지만, 한국에 살 때와는 다른 애틋함을 가슴 한구석에 품고 있다. 우리 부부의 경우에는 그것이 호시노 리조트의 독특한 경영 방식과 철학에 담긴 이야기를 한국의 독자들에게 진심을 다해 전하고 싶은 마음으로 발현된 것이라고 생각한다. 호시노 요시하루라는 사람이 어떻게 가족경영의 틀에서 벗어나 플랫flat한 조직을 만들어 왔는지, 호시노 리조트의 직원들은 어떻게 객실 청소부터 주방과 고객응대를 넘나드는 멀티태스크를 하고 있는지, 이 책을 통해 그들의 철학을 엿볼 수 있다면 어떤 조직이든 영감을 받을 수 있을 것이라고 확신하기 때문이다.

시설팀 직원의 아이디어로 대박 상품을 만들어 내고, 업무가 끝나면 따로 춤을 연습해서 무대에 오르고, 고객에게 소개할 동네의 숨겨진 매력을 찾기 위해 일일이 찾아다니는 열정……. 누구나 한 번쯤 이런 열정을 갖고 일을 해보고 싶고, 경영자라면 이런 직원들로 조직을 꾸리고 싶을 것이다. 어떻게 해야 그것이 가능한지 보여주는 스토리들을 이 책에 담고 싶었다.

이 책은 첫 두 장에 호시노 요시하루 대표의 철학이 만들어졌던 배경부터 독특한 경영 방식이 자리 잡는 과정을 자세히 담고자 노력했다. 3장부터 12장까지는 독특한 스토리와 의미가 있는 시설을 각 장마다 소개했다. 그리고 마지막 13장에는 호시노 리조트가 스스로 마케팅 회사라고 정의하는 스토리를 담았다. 독자들에게는 우선 첫 두 장을 읽을 것을 권하며, 3장부터는 흥미가 생기는 장부터 골라 읽을 것을 추천한다.

10년 전 도쿄의 폭설로 우연히 찾게 된 호시노 리조트와의 인연은 이렇게 책으로 발간되기에 이르렀다. 좋은 책의 출판은 남녀가 결혼을 하는 것과 같이 좋은 인연이 되어야만 가능하다는 도서출판 예미의 황부현 대표님의 말씀처럼, 다소 고집스러운 필자의 요구도 소화해주신 덕분에 좋은 인연으로 이 책이 세상에 나올 수 있게 된 것에 진심으로 감사의 인사를 전하고 싶다. 그리고 필

자와 도서출판 예미의 오작교 역할을 해주시고 지원을 아끼지 않으신 KMA플러스 김종운 대표님께도 감사의 인사를 드리고 싶다. 책을 쓰는 긴 시간 동안 호시노 리조트의 홍보 담당자가 세 번 바뀌었는데 미야우치 후미<sub>宮內ふみ</sub> 님, 이지선 님, 시 레이카<sub>史麗花</sub> 님, 이승현 님께 특별히 감사드린다. 그리고 이 책이 특별한 스토리로 채워질 수 있도록 인터뷰를 통해 생생한 경험담과 많은 영감을 주신 호시노 요시하루 대표와 각 시설의 지배인님들께 진심으로 감사 인사를 전하고 싶다.

일본에 따로 떨어져 사는 우리 셋을 언제나 응원해 주시는 양가 부모님과 가족들에게도 사랑을 담아 인사를 전하고 싶다. 우리 딸 보윤이는 엄마의 배 속에 있을 때부터 호시노 리조트를 같이 체험해 왔고, 인터뷰를 하는 동안에는 조용히 옆에서 '뽀로로'를 보던 아기에서 어느덧 챕터북을 읽는 여덟 살 어린이로 자라 주었다. 덕분에 우리 셋이서 누구를 만나도 긴 시간 인터뷰를 하는 것이 부담스럽지 않고 즐거운 대화로 이어질 수 있었고, 어떤 곳을 가도 다양한 체험을 할 수 있었음에 고맙다는 인사를 전하고 싶다.

마지막으로 이 책을 읽고 계시는 독자분들에게 감사 드리며, 이 책의 스토리가 잘 전달이 되어서 어느 한 에 피소드에서 잠시라도 가슴이 뛰는 경험을 갖게 되시기 를 간절히 바라 본다.

도쿄에서
윤경훈, 전복선 올림

이 책은 호시노 리조트로부터 사실관계 확인, 관계자 인터뷰에 관한 협조를 받아 진행되었습니다. 내용의 자율성과 독립성을 위해 원고 집필에 필요한 비용은 자 비로 부담하였습니다.

# 이 책을 위해 인터뷰한 호시노 리조트 직원들

호시노야 가루이자와 총지배인_가네코 나오야 金子尚矢

호시노야 다케토미지마 총지배인_혼다 가오루 本多薫

호시노야 도쿄 총지배인_아카하네 료스케 赤羽亮祐

호시노야 오키나와 총지배인_사와다 유이치 澤田裕一

호시노야 후지 총지배인_마쓰노 쇼지 松野将至

리조나레 고하마지마 총지배인_모리가키 겐 森垣賢

리조나레 나스 총지배인_마쓰다 나오코 松田直子

리조나레 야쓰가타케 총지배인_기타지마 후미오 北島文雄

카이 나가토 총지배인_미호 유지 三保裕司

카이 마쓰모토 총지배인_가미우타나이 겐자부로 上打田内健三郎

호시노 리조트 토마무 총지배인_와타나베 이와오 渡辺巌

호시노 리조트 토마무 총주방장_구마노 요시타케 熊野芳武

아오모리야 총지배인_오카모토 신고 岡本真吾

오이라세 계류 호텔 총지배인_다카하시 레오 髙橋伶央

OMO5 도쿄 오쓰카 총지배인_이소카와 료코 磯川涼子

OMO7 오사카 총지배인_나카무라 도모키 中村友樹

OMO7 오사카 오모레인저_야소다 가에 八十田香枝

BEB5 가루이자와 총지배인_오쓰카 슌스케 大塚駿亮

호시노 리조트 이사 겸 마케팅총괄디렉터_사쿠라이 준 桜井潤

────
직원들의 소속과 직책은 인터뷰 시점 기준입니다.

호시노 리조트 스토리

# 독자들의 이해를 돕기 위한 호시노 리조트 브랜드 소개

## 호시노야 Hoshinoya (星のや)

일상에서 벗어나 마음껏 휴식을 취할 수 있는 호시노 리조트의 최고급 브랜드. 지역의 풍토, 역사, 문화를 섬세하게 반영하여 독창적인 테마로 손님을 맞이해, '언젠가는 꼭 한번 묵어 보고 싶은 곳'으로 불린다.

### 카이 KAI (界)

지역의 매력적인 스토리를 만날 수 있는 온천 료칸이다. 카이는 '전통과 새로움'이 함께하는 컨셉으로, 지역 특유의 정취와 사계절의 아름다움을 느낄 수 있는 오모테나시(환대) 서비스를 제공한다.

### 리조나레 Risonare

'리조트에서 상상을 초월하는 경험을!'이라는 컨셉으로 그 지역만의 특색 있는 체험 프로그램을 제공하며, 아이들과 찾기 좋은 패밀리 브랜드이다.

### 오모OMO

'기분이 업되는 도심 속 호텔'을 컨셉으로, 그 지역을 깊이 사랑하는 직원들이 주민들과 함께 만들어 가는 새로운 감각의 호텔. 곳곳에서 예상치 못한 매력을 발견할 수 있으며, 어느새 그 도시 자체의 매력에 스며들게 되는 특별한 호텔이다.

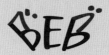

### 베브BEB

지인들과 평소에 술자리를 하는 것 이상의 즐거움을, 하지만 여행보다는 부담 없는 가벼운 외출을 컨셉으로 한 브랜드. 느긋하게 시간을 보내고 그날의 기분에 맞춰 머물 수 있는 호텔.

21
독자들의 이해를 돕기 위한 호시노 리조트 브랜드 소개

# Chapter 1.
## 친척과 등지고 직원이 떠나도 꿈꾸는 철학

코넬대 유학 후 일본으로 돌아온 호시노 요시하루는 가족기업으로서 특혜를 누리던
친척들의 구태를 모두 청산하고자 했다.
가족들에게 욕을 먹고, 직원들은 떠나는 상황에서도 그가 꿈꾸었던 비전은 '리조트
운영의 달인'이었다.

## 코넬대에서 깨달은 일본다움의 가치

　호시노 요시하루 대표 이하 '호시노'로 표기 는 1960년 가루
이자와에서 태어났다. 1914년 문을 연 호시노 온천료칸
星野温泉旅館 의 4대 후계자로 불리며 유년시절을 보낸 그
는 중학교부터 도쿄에서 게이오대학교 부속 중등부, 고
등부를 거쳐 대학까지 진학한다. 호시노는 학창시절 내
내 아이스하키에 빠져서 지내기도 했지만, 졸업이 가까
워지자 언젠가 가업을 이어받기 위해서는 제대로 공부
할 필요가 있다고 생각해 1984년에 미국의 코넬대학교

대학원으로 진학한다. 코넬대학교 대학원에 입학한 스물다섯 살의 청년 호시노에게 해외 리조트와 5성급 호텔들은 동경의 대상으로 여겨졌고, 그에 반해 가루이자와의 료칸은 항상 초라하게 느껴졌다. 그래서 언젠가 자신이 돌아가서 경영을 맡게 되면 서구의 리조트 호텔이나 도시형 럭셔리 호텔로 바꾸고 싶다는 생각을 갖고 호텔 경영을 배우는 데 집중했다.

코넬대학교 대학원에서 서구의 호텔 경영에 관한 이론을 공부하던 어느 날 호시노가 학교에서 열리는 리셉션에 참석했다. 중요한 행사인 만큼 포멀한 수트 차림으로 파티장에 간 호시노가 샴페인을 들고 담소를 나누고 있을 때, 같은 클래스의 친구가 그에게 말을 걸어 왔다. "넌 왜 일본 사람인데 영국 의상을 입고 왔니?"라는 친구의 예상치 못한 물음에 호시노는 당황하며 주위를 둘러보았다. 평소 강의실에서 티셔츠와 청바지 차림으로 앉아 있던 친구들이 모두 각자의 나라 전통의상을 입고 참석해 있었다. 그때 호시노는 왜 일본에서는 '포멀한 복장 = 수트'라는 공식이 성립하고 스스로도 그것을 당연하게 받아들이고 있었을까 하는 생각이 들었고, 망치

친척과 등지고 직원이 떠나도 꿈꾸는 철학

로 머리를 얻어맞은 것 같은 충격을 받았다. 그 후 친구
들이 "너희 일본에는 오랜 역사와 훌륭한 문화와 전통이
있는데 왜 미국과 서양 문화를 동경하고 따라 하려고 하
는 거지?" 하는 질문에 대해 답을 찾기 시작했다. 그리고
이때의 경험을 통해 집안이 운영하는 료칸을 서구의 호
텔을 흉내 내는 식으로 변화시킬 것이 아니라, 가장 일본
스러우면서도 멋지게 발전시키는 것이 자신의 과제라는
것을 깨닫게 되었다.

코넬대학교 대학원을 졸업한 후 호시노는 바로 일본
으로 귀국하지 않고 미국에 남아 일본항공개발 현재 '오쿠라
닛코 호텔 매니지먼트' 미주 지사에 취직했다. 그곳에서 호시노
는 뉴욕 등 미주 지역의 호텔 개발 업무를 담당하다,
1988년 가루이자와로 돌아와 부사장으로서 호시노 온
천료칸의 경영에 참여하게 되었다.

미국에서 호시노가 돌아왔을 때 호시노 온천료칸은
서양식 분위기의 호텔로 재건축되어 있었다. 하지만 서
비스는 모든 것이 옛날 그대로였고, 무엇보다 문제라고
여겨진 것은 가루이자와라는 지리적 이점과 오랜 리피
터 repeater: 다시 찾아온 고객 고객들 덕분에 경영 흑자가 지속되

어 오고 있어서 직원들이 문제가 있어도 개선할 의지가 없어 보이는 점이었다. 부사장으로 부임하자마자 호시노는 이와 같은 문제점을 지적하며 미래를 위해 지금부터 변화해 나가야 한다고 아버지를 설득했다. 그러나 아버지는 "네가 무엇을 말하고 싶고, 하고 싶은지는 알겠는데 바꾸는 것은 네가 사장이 된 후 시간을 들여 천천히 변화시켜 나가라"라고 답했다. 호시노는 다른 간부들도 설득했지만 아무도 호시노의 이야기를 귀담아듣지 않았다.

호시노는 당시를 회상하며, 미국에서 가업을 잇기 위해 돌아갔을 때 목표는 "좋은 경영자가 되어 좋은 경영을 하는 게 중요했지, 호시노 가문을 더욱더 발전시키겠다든지, 오랫동안 이어져 온 회사의 운영방식을 계승하면서 가업을 이어 가겠다는 생각은 전혀 없었다"고 말했다. 하지만 결국 호시노가 제안한 많은 개혁안은 받아들여지지 않았고 의견의 대립도 좁혀지지 않았다. 그러자 호시노는 자신이 더 이상 이곳에 있을 필요가 없다며 다시는 돌아오지 않을 생각으로 가루이자와를 떠났다.

대부분 패밀리 비즈니스의 차세대 경영자들이 회사를 승계받았을 때 가업의 승계라는 것이 중요한 책임으로 다가온다. 그래서 때로는 고객의 만족을 실현하는 가치보다 가업의 승계를 완수시켜야 한다는 사명이 더 중요하게 여겨지기도 한다. 하지만 호시노의 경우는 이러한 사적인 욕심을 철저히 배제했다. 호시노처럼 가업 승계의 가치를 넘어서는 경영철학을 가지는 것은 패밀리 비즈니스의 경영자가 추구해야 할 가장 중요한 부분이라고 생각된다.

## | 다시 돌아온 호시노

호시노는 가루이자와를 떠난 후 미국계 은행인 시티뱅크 Citi bank 에 일자리를 얻었다. 1980년대 당시는 버블경기가 한창 진행 중일 때였고, 일본 기업들은 너도나도 할 것 없이 국내외의 리조트에 적극적인 투자를 하고 있었다. 하지만 1990년 들어 버블경제가 붕괴되자 도산하는 리조트가 증가하기 시작했고 금융권은 리조트의 부실채권 처리에 뛰어들었는데, 바로 이 시점에 호시노가 시티뱅크로 이직을 했던 것이다. 호시노는 시티뱅크에서 일본 국내외 기업들이 리조트 투자로 인해 발생한 부실채권을 회수해서 처리하는 업무를 담당하면서, 세계 각지의 리조트 시설들을 2년간 둘러볼 수 있는 기회를 가졌다. 그리고 이 과정에서 대부분의 도산한 리조트들에게 보이는 한 가지 공통점을 발견했다. 그것은 바로 건물 및 설비와 같은 하드웨어 부분에 대한 투자 의존도가 높은 반면에 지역의 매력 등을 상품화하는 소프트웨어 부분을 경시한 리조트들이 도산 확률이 높다는 점이었다.

이렇게 시티뱅크에서 세계 각지의 리조트를 돌며 채권을 회수해 리조트를 재생시키는 안건을 담당하던 호시노는 가업에 대한 생각도 조금씩 바뀌고 있었다. 재생 사업을 통해서 얻은 경험을 호시노 온천료칸에서 실현하고 싶다는 욕구가 마음 한 켠에 자리 잡기 시작했던 것이다. 그리고 1991년 호시노는 호시노 온천료칸 주주들의 요청에 의해 시티뱅크를 그만두고 가루이자와로 돌아왔다.

호시노는 돌아오자마자 친척들이 대다수의 주주인 주주총회를 개최하고 아버지를 사장에서 해임시켰다. 하지만 사장의 자리에 오른 호시노가 맞이한 상황은 미국 유학 시절에 배운 바람직한 경영 형태와는 동떨어진 것이었다. 친인척들이 특권계급으로 회사에 진을 치고 앉아 회사를 사유화하고 있는 광경들이 벌어지고 있었던 것이다. 예를 들어 친척들은 회사 내의 부지 안에 집을 짓고 살고 있었음에도 불구하고 어떤 계약도 맺지 않고 있었다. 또한 전기세 및 수도세 그리고 통신비와 같은 그 어떤 공과금도 내지 않았다. 그러면서 오래전부터 살고 있던 방식으로 살고 있을 뿐인데 무엇이 문제냐는 식의 태도를 보였다. 친인척들의 회사 사유화는 이뿐만이 아니었다. 그들은 호시노 온천료칸에 필요한 물품들을 납품하는 회사를 만들어 운영하고 있었는데, 납품 가격을 시장 가격보다 높게 설정해 폭리를 취하고 있었다. 호시노는 이처럼 친척들이 호시노 온천료칸의 특권계급으로 지위를 누리는 것을 더 이상 보고 있을 수 없다고 판단했다. 그들의 특권의식은 직원들의 사기 저하뿐만 아니라 호시노 온천료칸의 발전을 근본적으로 방해하는 문제라고 생각했기 때문이다. 호시노는 사장에 취임하자마자 친인척들이 공과 사를 혼동하는 행태를 바로잡는 작업에 착수했다.

가장 먼저 호시노가 한 것은 회사 부지 내에 있던 자신이 태어나고 자란 생가를 회사 자산으로 넘긴 것이었다. 그리고 자신이 먼저 회사를 사유화하지 않는다는 의지를 보여 주고자 금융기관으로부터 대출을 받아 회사 부지와는 전혀 관계없는 곳에 토지를 사서 집을 지었다. 동시에 친족들에게도 회사 부지 내에 사는 이상 임차료와 광열비를 포함한 각종 공과금을 내도록 하는 계약서를 작성하게 했고, 향후 회사 부지 전체에 재개발을 할 계획을 세우고 있으니 빠른 시일 내에 회사 부지 내에서 떠나 주기를 요청했다.

물론 그 과정에서 친인척들의 반발이 일었고, 호시노의 아버지인 회장에게 항의했다. 아버지는 호시노를 불러 친인척들의 의견을 대변했지만 호시노는 아버지의 설득을 받아들이지 않았다. 부자 간의 대립은 점점 더 심각해졌다. 당시 신입사원으로 들어와서 일하고 있던 가미우타나이 겐자부로 上打田内健三郎 지배인은 다음과 같이 회상했다.

"당시에 호시노 대표와 그의 동생이 같이 일하던 작은 호텔 사무실에 근무하고 있었는데 그때 분위기는 매

친척과 등지고 직원이 떠나도 꿈꾸는 철학

일 긴장할 수밖에 없는 상황이었습니다. 호시노 대표님이 다시 돌아왔을 때 회장님께서 경영에는 간섭을 하지 않겠다는 구두 약속을 했지만 그럼에도 불구하고 갈등이 생겼습니다. 게다가 저는 같은 사무실에 있었으니 정말 껄끄러웠습니다."

이처럼 부자 간의 갈등이 지속되는 험악한 분위기 속에서도 호시노는 친인척을 회사 부지 내에서 내보내고 업무상으로 연결되어 있던 친인척과의 고리를 끊어내기 위해 지속적으로 노력했다. 호시노는 왜 굳이 아버지와 친척들과 척을 지면서까지 관계를 끊으려고 했을까? 어차피 패밀리 비즈니스라면 친인척과의 적절한 공생관계를 유지하는 것도 나쁘지 않았을 텐데 말이다.

호시노가 친인척들과의 이해관계를 잘라 내려고 노력한 이유는 "글로벌 호텔에 지지 않는 일본의 오모테나시 おもてなし: 일본에서 '진심을 다한 대접'을 의미하는 말 에 기반을 둔 '리조트 운영의 달인'이 되겠다"라는 확고한 목표가 있었기 때문이다. 그리고 이러한 자신의 목표를 실현하기 위해서는 친인척들이 회사에 기생하면서 특권계급으로 군림하는 것을 제거해야만 직원들의 사기가 진작되고

정말 해야 할 것에 집중할 수 있다고 판단했다. 즉, 리조트 운영의 달인이라는 목표를 실현하기 위해서 그 목표에 맞지 않는 요소를 제거하는 것은 선택의 문제가 아니라 반드시 해야만 하는 책무였던 것이다.

## | 떠나는 직원들, 남아도 불안한 직원들

호시노가 사장으로 취임했을 때의 나이는 서른하나였다. 젊은 혈기의 호시노는 해외에서 직접 겪었던 경험과 배운 모든 지식을 바탕으로 과감한 개혁에 착수했다. 그러나 호시노가 맞이한 현실은 그가 생각한 이상과는 거리가 있어도 너무 동떨어져 있었다. 실제로 호시노는 취임 후 3년 동안이 인생에서 가장 힘든 시기였다고 말할 정도이다. 무엇이 그를 그렇게 힘들게 했을까? 그것은 바로 그의 개혁에 반발한 직원들이 하루에도 수십 명씩 그만두었기 때문이었다. 당시 호시노는 매일 밤늦게까지 사무실에 남아 내일 프론트를 담당할 직원은 있는지, 요리사는 있는지, 직원들의 시프트를 걱정하지 않으면 안 되는 상황이었다.

그렇다면, 왜 그렇게 많은 직원들이 떠난 것일까? 그 이유는 근무 여건에 대한 불만 때문이었다. 구체적으로 호시노 리조트는 가루이자와의 다른 리조트에 비해 휴일이 적었을 뿐만 아니라 업무량에 비해 대우도 좋지 않았다. 직원들이 매일처럼 그만두는 상황에서 호시노는 직원들에게 '리조트 운영의 달인', '에코투어리즘 eco-tourism: 환경 피해를 최대한 억제하면서 자연을 관찰하고 이해하며 즐기는 여행' 등 자신이 생각하는 비전을 이야기했다. 하지만 당시 근무했던 직원들의 이야기를 들으면, 당장 내일 고객을 받을 수 있을지 없을지도 모르는 상황에서 무슨 뜬구름 잡는 소리를 하는지 당시의 호시노 대표를 이해할 수 없었다고 한다. 물론 그중에 가미우타나이 지배인처럼 호시노의 비전에 공감한 직원들은 남았지만, 호시노가 현실을 제대로 파악하지 못하고 있다며 불안해한 직원들은 결국 회사를 떠났다.

매일처럼 직원이 떠나자 어느 날 호시노는 직접 직원을 구하는 공고를 내기 위해 지역의 공공 구인구직기관인 쇼쿠안 職安, 직업소개소 을 찾았다. 쇼쿠안에 차를 주차하고 들어가려는데 입구 벽에 낙서되어 있는 문구가 호시노의 눈에 들어왔다. 그것은 "호시노에서 일하면 과로사한다"라는 글이었다.[1] 일자리를 구하러 오는 사람들이 모이는 곳의 입구에 쓰인 이 글은 호시노 온천료칸에서 일할 인재를 확보하는 것을 거의 불가능하게 만들고 있었다.

다행히 이와 같은 상황에도 광고를 보고 면접을 보러 오는 사람들이 있기는 했지만, 그들 대부분은 중도 포기하고 집으로 돌아갔다. 그 이유는 가루이자와 근처에는 리조트 이외에도 대기업이 운영하는 공장들이 있었는데, 그곳에서 일하는 것이 오히려 휴일이 보장되고 시급도 높았기 때문이다. 이처럼 상황이 최악으로 치닫고 있는 가운데에도 호시노는 전혀 소신을 굽히지 않았다. 오히려 인재가 없다면 찾아 나선다는 각오로 도쿄에서 신입사원 채용설명회를 개최했다. 설명회에서 호시노는 자신이 생각하는 리조트의 미래를 역설했고, 자신의 가치관에 공감해 입사할 용기를 내어 준 직원들을 만날 수

---

1  NHK, 〈프로페셔널 일의 방식: 리조트 재생의 달인 호시노 요시하루의 일 (プロフェショナル仕事の流儀 リゾート再生請負人  星野佳路の仕事)〉 (DVD) 2006.

친척과 등지고 직원이 떠나도 꿈꾸는 철학

있었다. 그때를 회상하며 가미우타나이는 당시의 호시노에 대해 다음과 같이 말했다.

"호시노의 비전에 공감해 입사했지만 막상 일은 너무 힘들었고, 리조트의 실제 상황은 비전을 실현하기에는 너무 거리가 있어 보였습니다. 게다가 직원들이 계속 그만두는 상황이다 보니 새로 온 이들은 리조트 업무에 대해 잘 모르는 자신을 가르쳐 줄 사람이 없어 난감했습니다. 그렇게 힘든 하루하루를 보내면서 입사한 동기들과 매일 저녁 기숙사에 모이면 항상 그만두고 싶다고 푸념을 털어놓으며 술잔을 기울였습니다."

하지만 가미우타나이가 회사를 그만둘 수 없었던 것은 호시노 대표의 동생인 사다미치 전무에게 상의를 했을 때, 아직 바뀌지 않고 있는 부분과 앞으로 바꾸어 가거나 해야 할 부분을 명확히 이해할 수 있었기 때문이었다. 설명을 듣고 난 후 가미우타나이는 무언가 할 수 있도록 배울 만한 선배 직원이 필요하니 데려와 달라고 부탁했다. 그런데 호시노 대표와 사다미치 전무로부터 돌아온 대답은 다른 호텔에서 설사 데려온다고 하더라도 우리하고 맞지는 않을 테니, 배울 선배를 찾지 말고 스스로 그런 선배가 되어 보라는 것이었다. 가미우타나이는 결국 스스로 할 수밖에 없다는 상황을 인지하고 비전을 실현하기 위해 한번 도전해 보자는 생각에 회사에 남는 선택을 했다고 한다.

실제로 호시노 대표는 인터뷰에서, 당시는 급여도 올려 줄 수 없고 휴일도 보장해 줄 수 없는 상황이다 보니 직원들이 스스로 생각해서 일하도록 하면서 그 과정에서 성취감과 보람을 느끼게 하는 수밖에 없었다고 회상했다. 호시노 리조트의 초창기부터 지금까지 남아 있는 직원들은 모두 가미우타나이처럼 호시노 대표와 함께 비전을 실현하기 위해 도전한 사람들인 것이다.

친척과 등지고 직원이 떠나도 꿈꾸는 철학

## Chapter 2.
## 호시노 리조트만의 '멀티태스크', '플랫한 조직'이란?

호시노 대표가 변화를 도모하면 할수록 그 앞에는 더 높은 벽이 막고 있었다.
하지만 벽에 부딪힐 때마다 그는 업그레이드된 호시노 리조트 경영의 방법론을 구축해 나간다.
멀티태스크, 유닛 조직, 플랫한 조직, 할당량 없는 목표, 전원 경영이라는 호시노 리조트만의 방식으로!

## | 료칸의 성역인 주방에 침범하다

호시노는 직원들을 확보하는 어려움을 겪는 과정에서도 개혁의 고삐를 풀지 않았다. 오히려 더 개혁을 강화해 나갔다. 그리고 그 개혁의 중심에는 '주방'이 있었다. 주방이라는 공간은 호텔이나 료칸에서도 특별한 곳이며, 특히 료칸의 주방은 '오야가타 親方'라고 불리는 주방장이 모든 권력을 쥐고 있어 료칸 안에서도 거의 독립된 장인들의 공간이다. 그래서 일반적으로 오너라고 하더라도 쉽게 근접할 수 없는 성역으로 여겨져 왔던 것이 사실이다. 그런데 바로 이런 공간에 호시노는 겁 없이 들어가 자신의 의견을 제시하기 시작했다. 그 이유는 료칸을 찾는 고객들의 기대가 큰 부분 중 하나가 요리에 관한 것이므로, 고객들의 만족을 위해 이 부분을 반드시 개혁해야 한다고 판단했기 때문이다. 온천을 즐기고 술잔을 기울이며 요리를 먹는 것이야말로 료칸에서 즐길 수 있는 가장 행복한 순간인데, 이러한 고객의 행복을 극대화하기 위해서는 주방의 개혁이 불가피하다고 생각했던 것이다.

취임 후 호시노는 주방에 들어가서 주방장이 만든 요리의 맛을 보았다. 주방장의 입장에서는 호시노의 부친인 회장도 이런 적이 없었는데, 새파랗게 젊은 사장이 주방에 허락 없이 들어온 것 자체가 마음에 들지 않았다. 그런 주방장의 심기를 아는지 모르는지 호시노는 요리를 맛보고 "이 요리, 맛이 좀 이상한데요"라고 의견을 제시했고, 이는 주방장을 격노하게 만들었다. 그야말로 호시노가 료칸의 성역으로 불리는 주방에 개혁이라는 이름의 선전포고를 한 순간이었다. 당시 담배를 입에 물고 칼을 들고 생선을 손질하고 있던 주방장은 호시노를 보며, "너 같은 문외한이 내 요리를 알기나 해!"라고 고함을 질렀다. 주방장의 입장에서 보면 호시노처럼 요리에 대해 아무것도 모르는 도련님이 이러쿵저러쿵 간섭하는 것이 어이없고, 자신에 대한 도전으로 여겨졌을 것이다. 격노한 주방장은 주방에 간섭을 하면 자신의 밑에서 일하는 주방 직원들을 전부 데리고 그만두겠다고 선언했다. 하지만 호시노는 물러서지 않았다.

그렇다면, 어떻게 호시노는 당장 내일 예약 손님에게 요리를 제공할 수 없을지도 모르는 위험을 감수하면서까지 주방장에게 맞설 수 있었을까? 그 배경에는 호시노가 믿는 절대적인 가치가 있었다. 호시노에게는 료칸을 찾는 고객을 만족시키고자 하는 마음은 자신이나 주방장이나 다를 바가 없을 것이라는 확신이 있었다. 다만 오랫동안 일본의 료칸에서 주방이라는 곳은 오너조차도 쉽게 관여하기 힘든 하나의 성역으로 여겨져 왔었기 때문에 주방장이 자신의 말에 강한 반발을 보이는 것은 너무나 자연스러운 반응이라고 받아들였다. 게다가 당시의 호시노는 사장으로 취임한 지 얼마 되지도 않았고, 아직 아무런 실적이 없는 신참 경영자에 불과하니 그러한 자신의 말에 오랜 세월 일해 온 직원들이 귀를 기울이지 않는 것은 당연하다고 생각하고 있었다. 하지만 호시노는 주방장처럼 반발하는 직원들이 귀를 기울일 만한 사람들의 목소리를 갖고 있었다. 바로 료칸을 찾는 고객들로부터 모은 '고객만족도 조사결과'를 갖고 주방에 들어간 것이다.

호시노는 강한 저항을 보이던 주방장에게 고객만족도 조사결과를 보여 주었다. 그리고 이를 전해 받아 본 주방장은 충격을 받았다. 자기가 자신 있게 내어 놓은 요리에 대해 돌아온 고객의 의견들은 지금까지 주방에서 일해 오면서 한 번도 들어 본 적 없는 불만의 목소리들로 가득 차 있었기 때문이다. 예를 들면, "산속의 리조트인데 왜 해산물만 내어 놓는지 모르겠다"라는 요리의 컨셉에 대한 불만을 시작으로, "음식이 너무 식어서 제대로 먹을 수가 없었다" 등의 맛에 대한 평가까지 다양했다. 이러한 고객의 불만에 대해 주방장은 호시노가 맛에 대한 평가를 내렸을 때와는 180도 다른 태도를 보였고 고객의 목소리가 담긴 종이에서 눈을 떼지 못했다.

호시노는 주방장의 표정을 읽으며 자신이 준비한 주방의 개혁안을 제시했다. 지금까지 주방장이 자신의 제

호시노 리조트 스토리

자를 도제식으로 키워 온 문화를 바꾸고, 고객의 목소리를 항상 받아들일 수 있는 열린 주방을 만들 것을 제안한 것이다. 그리고 그 방법 중 하나로 고객을 맞이하고 객실을 안내하는 프론트 서비스팀에서 일하는 직원들을 주방에서 일할 수 있도록 하자고 제안했다. 고객의 니즈를 가장 잘 아는 직원들을 주방에서 일하도록 하면 항상 주방은 고객의 목소리를 들을 수 있을 것이라고 설득한 것이다. 호시노의 이러한 파격적인 개혁안에 대해 주방장과 요리사들은 황당했다. 자신들은 제대로 된 요리사가 되기 위해 주방장의 지시를 받으며 오랜 기간 수행을 해왔는데, 생전 요리를 해본 적도 없는 직원들이 주방에 들어온다는 것을 받아들일 수 없었기 때문이다. 주방장은 호시노에게 고객의 의견을 전달해 주는 것만으로 충분한데, 왜 굳이 칼도 잡아 본 적이 없는 문외한들을 주방에 들여보내 주방을 엉망진창으로 만들겠다는지 이해할 수 없으며, 절대로 이를 받아들일 수 없다고 저항했다.

하지만 호시노는 이러한 반발을 뒤로하고 항상 고객의 목소리를 들어 온 서비스팀 출신의 직원들이 주방에 들어가야만 주방이 열린 공간으로 바뀔 수 있다는 신념

호시노 리조트만의 '멀티태스크', '플랫한 조직'이란?

으로 신입 직원들을 주방에 밀어 넣었다. 상황이 이렇다 보니 서비스팀에서 일을 하다 주방으로 들어간 직원들도 난감하기는 마찬가지였다. 주방 안은 호시노에 저항하는 주방장과 그 제자들, 그리고 눈치를 보며 주방에 들어온 서비스팀 출신의 직원들이 뒤엉켜 살벌한 분위기가 한동안 계속됐다. 그러나 이러한 갈등도 시간이 지나면서 정리되기 시작했다. 그 이유는 간단했다. 이 상황을 받아들이지 못한 주방의 요리사들이 그만두었기 때문이다. 그러자 호시노는 개혁을 위해서는 반드시 거쳐야 할 과정이라고 직원들에게 설명하면서 기존의 남은 주방 직원과 서비스팀에서 들어간 직원들로 주방을 꾸리기 시작했다.

취재 당시 BEB5 가루이자와의 지배인이었던 오쓰카 大塚 는 호시노 리조트 리조나레 아타미에서 일할 때 요리를 한 번도 해본 적이 없었음에도 불구하고 갑자기 주방으로 발령을 받아 오믈렛 만드는 일을 담당했다고 했다. 오쓰카는 선배의 조언을 들으며 배웠는데도 잘되지 않아 수많은 계란을 버려 가면서 연습을 했고, 시간이 지나 보니 어느 순간 오믈렛의 달인이 되어 있었다고 했다.

46

호시노 리조트 스토리

그런데 이 경험에서 얻은 가장 큰 자산은 자신이 오믈렛의 달인이 되었다는 점보다도 당시 요리의 '요' 자도 몰랐던 스스로가 오믈렛의 달인으로 성장하는 과정을 통해 무엇이든 못 할 것이 없다는 자신감을 가지는 계기가 되었다는 것이다.

취재 과정에서 만난 호시노야 다케토미지마의 혼다 本多 지배인 역시 처음에 입사해서 얼마 지나지 않아 가루이자와 호시노야의 주방에 들어가게 되어 난감해했던 한 사람이었다. 그런데 혼다는 주방에 들어가서 자신은 별로 힘들지 않았으며 오히려 힘들어했던 사람은 주방장이었다고 웃으면서 말했다. 그러면서 당시를 다음과 같이 회상했다.

"저는 칼을 만져 본 적이 한 번도 없었기 때문에 주방장은 저에게 칼을 쥐는 법부터 가르쳐야 했습니다. 그러니 얼마나 답답하고 힘들었을까요? 아무튼 2년 정도 주방에서 근무했는데 그동안 점점 요리의 재미에 빠져들었습니다. 예를 들면, 스키야키와 샤부샤부에는 모두 양파를 사용하는데, 양파를 써는 법이 다르다는 것을 주방에서 일하면서 처음 알았습니다. 육수를 내는 수프 맛의 진함과 연함에 따라 양파와 같은 채소의 자르는 각도와 방법이 다르다는 점을 알게 되었고, 그걸 알아 가는 과정이 너무 재미있었습니다. 물론 그렇게 요리를 하면서 요리의 세계에 평생 몸을 담아도 되겠구나 생각했을 때 즈음 인사부로부터 부서 이동을 제안받게 되었고 고민 끝에 옮겼습니다만, 주방에서의 2년은 정말 나 자신이 고객에게 요리를 서비스할 때 어떻게 해야 할지 생각하고 스스로의 방식을 찾게 된 좋은 경험이었습니다."

이처럼 요리를 전혀 모르는 직원들이나 서비스팀에서만 일했던 직원들을 주방으로 보내는 호시노의 개혁은 주방이 가진 성역이라는 이미지를 걷어 내고, 고객만족을 위해 열린 공간으로 만들어 내는 데 성공했다.


## | 윗사람 신호를 제거하라


호시노 온천료칸을 낡은 경영의 늪에서 빠져나오게 하기 위해 아버지와의 갈등을 감수하면서 특권계급으로 군림하던 친인척을 배제시키고, 성역으로 불리던 주방

의 변화를 추진한 호시노의 도전이 조금씩 성과를 나타
낼 즈음, 또 다른 문제가 나타났다. 그것은 바로 호시노
가 직접 채용한 사원들의 퇴사가 늘어났던 것이다. 호시
노가 경영을 맡은 초기에는 오랫동안 근무해 온 직원들
의 집단 퇴사가 문제였다면, 이번에는 호시노가 직접 채
용한 신입 직원들의 퇴사가 증가하기 시작했다. 호시노
는 자신의 비전에 공감해 입사했던 직원들이 퇴사하는
부분에 대해서는 그냥 보고만 있을 수 없었다. 그래서 직
원들의 퇴사를 막기 위해 그만두겠다고 말하는 직원들
과 시간과 장소를 불문하고 이야기를 나누었다. 그런데
호시노는 직원들과 매일처럼 장시간 이야기를 나누는
과정에서 한 가지 중요한 과제를 발견했다. 그중 대표적
인 것이 호시노 리조트의 조직문화에 대한 불만이었다.

호시노는 사장으로 취임한 이후 개혁을 추진하기 위
해 톱다운 방식으로 회사를 운영해 나갔다. 그리고 이 방
식이야말로 오랜 타성에 젖은 호시노 온천료칸을 가장
빨리 개혁하는 길이라고 믿었다. 하지만 막상 그만두는
직원들과 이야기를 나누다 보니 직원들이 회사를 떠나
는 이유가 자신에게 있다는 사실을 알게 되었다. 일례로

호시노 리조트만의 '멀티태스크', '플랫한 조직'이란?

한 직원은 사표를 내면서 호시노에게 "그만두는 마당이니 이야기하는데, 명령과 지시를 받고 그대로 일하는 데 지쳤다. 나도 생각이 있고, 말하고 싶은 게 있는데 위에서 시키는 일만 하니 너무 힘들었다"고 말했다. 호시노는 이 말을 듣고, 직원들이 스스로의 의견을 개진할 기회가 전혀 없었다는 사실을 뒤늦게 깨닫게 되었다.

당시 호시노 리조트의 조직 형태는 여느 호텔들처럼 총지배인 혹은 대표가 피라미드의 꼭대기에 있는 구조였다. 그래서 이들 대표와 지배인은 '윗사람'으로 불렸고, 이들이 하는 말은 지시사항으로 여겨져 이견이 있어도 말하기 어려운 분위기가 항상 흐르고 있었다. 호시노는 자유롭게 의견을 말하는 분위기를 조성하려고 했지만, 그래도 결정은 윗사람들의 의중에 따라 정해지는 경우가 대부분이었다. 따라서 호텔의 직원들은 휴게실에 모이면 상사에 대한 푸념을 늘어놓는 것이 일상이 되었다. 그리고 이 같은 상황이 계속되자 윗사람에 대한 불만은 반드시 대표나 총지배인과 같은 제일 높은 자리에 있는 사람뿐만이 아니라, 자기의 직속 상관이나 선배들에게도 생겨났다.

이러한 문제 때문에 직원들이 떠난다는 사실에 호시

노는 자신이 미국에서 인턴으로 일했을 때의 경험을 떠올렸다. 호시노는 당시 인턴으로 일하던 호텔에서 직원들이 휴게실에서 불만을 이야기하는 모습을 늘 보고 있었다. 그때 호시노는 왜 불만이 있으면 직접 경영진에게 이야기해서 해결하지 않는지 모르겠다며, 인턴이라는 신분임에도 불구하고 직접 직원들의 불만을 경영진을 찾아가 설명했다. 그러자 경영진은 직원들이 불만을 가진 부분에 대해 자신이 왜 그런 경영 판단을 하게 되었는지에 대한 배경부터 상세히 설명했다. 그리고 호시노가 한 질문에 대해 경영진이 대답하는 모습을 보고 다른 직원들도 불만을 품어 두지 않고 이야기하기 시작했다. 그러자 휴게실에서 나누던 이야기들이 윗사람에 대한 불만이 아니라, 문제점에 대해 어떻게 해결할까 하는 생산적인 방향으로 바뀌기 시작했다.

이때의 경험을 떠올린 호시노는 히에라르키 Hierarchie: 로마교황이 세속 권력을 갖는 제도로 피라미드형 지배체제를 의미 의 조직문화를 바꾸기 위해서는 먼저 모든 정보를 공유하는 것이 중요하고, 이것이 직원들의 동기부여를 좌우한다는 점에 주목했다. 그리고 직원들 간 '정보 격차'를 해소하기 위해 노력해 나가기 시작했다. 실제로 당시의 젊은 직원들은 회사의 경영 상태를 알고 싶어도 알 길이 없었다. 그래서 호시노는 회사의 재무 상태, 고객만족도 조사결과 그리고 새로운 진행 사업 등 모든 정보를 아르바이트부터 정규직에 이르기까지 누구나 알 수 있게 공개했다. 그리고 매달 회의를 열고 누구나 회의에 참여해서 정보에 대한 보고와 질문까지 할 수 있는 환경을 만들었다.

그런데 여전히 한 가지 문제가 있었다. 모두가 회사의 정보에 접근할 수 있고 모든 정보가 공유되고 있기는 하지만, 그 정보를 바탕으로 한 소통은 전혀 이루어지지 않았던 것이다. 호시노는 이 이유에 관해 곰곰이 생각했다. 그리고 직원들이 정보를 통해 어떤 의문점이 생겨도 대부분 윗사람에게 자신의 의견을 말하는 것을 주저하게 된다는 것을 알아냈다. 즉, 히에라르키의 조직문화와 위계질서라는 틀 안에서 신입사원들은 누구도 윗사람과 의견이 다른 자신의 생각을 쉽게 말할 수 없었다. 호시노는 이러한 히에라르키의 벽을 허물기 위해서는 누구나 의견을 쉽게 이야기할 수 있는 분위기를 만드는 것이 필요하다고 생각해, 사장이라는 지위가 갖고 있는 '윗사람 신호'를 철저히 제거하기 시작했다.

호시노가 직접 윗사람 신호를 제거하기 위해 실천한 것은 먼저 사장의 전용차를 없앤 것이었다. 가루이자와에서는 개인 차를 직접 운전하고 다녔고, 도쿄에서는 전철, 버스, 택시와 자전거를 타기 시작했다. 또한, 사장실을 없앤 뒤 지배인들 역시 개인 오피스와 책상을 없애고 열린 공간에서 자유롭게 일하도록 만들었다. 호시노는 윗사람을 연상시키는 모든 것을 제거했다. 뿐만 아니라, 호칭에 있어서도 총지배인이라는 명칭으로 부르는 것이 아니라, '누구누구 씨'라고 부르도록 했다.

이처럼 조직 내에서 윗사람으로 분류되는 이미지를 가진 요소를 전부 제거하자, 호시노 자신의 업무 스타일도 바뀌었다. 사장실이 없다 보니 직원들의 책상이나 빈 테이블 등 아무 곳이나 인터넷이 연결되는 곳에서 노트북을 열고 일을 하기 시작했다. 그 과정에서 처음에 직원들은 사장이 옆에 있으니 부담스러워하기도 했으나 반년 정도 시간이 지나자 모두들 호시노를 전혀 개의치 않아 했다. 이와 같은 분위기가 자리 잡자 직원들은 호시노, 지배인, 동료 할 것 없이 필요한 말을 주저 없이 눈치

보지 않고 이야기하기 시작했다. 직원들은 사장에게도 자유롭게 이야기할 수 있게 되니, 지배인 같은 윗사람에게 의견을 내는 것이 수월해진 것이다. 이런 사내의 분위기는 선대 회장 시절에 내려왔던 친인척의 특권계급과 고참 사원들의 권위적인 조직문화의 잔재를 파괴하는 효과로 이어졌다.

하지만 직원들이 자유롭게 의견을 개진한다고 하더라도 갓 입사한 신입사원들이 선배의 눈치를 보지 않고 이야기한다는 것이 가능할까? 실제로 이 점에 대해 경력직으로 입사한 호시노야 후지의 마쓰노 松野 지배인은 다음과 같이 말했다.

"저도 처음에 입사해서는 정말 나의 의견을 말해도 될지 고민이 많았습니다. 그런데 반년 정도 눈치를 보면서 지내다 보니 '정말 자유롭게 이야기해도 되는구나'라는 생각이 들었죠."

호시노야 오키나와의 지배인 사와다 澤田 는 마쓰노에 대해, "처음 입사했을 때는 자신의 의견을 소신 있게 내지 못했던 때가 있었는데 아마도 적응 기간이라고 생각했습니다. 저희 회사에 입사하기 전에 이미 다른 호텔에서 일한 경험이 있다 보니 그 경험이 새로운 조직에서 분위기를 읽으려는 모습으로 드러난 거죠. 하지만 시간이 조금씩 지나면서 호시노 리조트의 문화에 적응해서 적극적으로 자신의 의견을 내면서 본인의 실력을 발휘하기 시작했습니다"라고 말했다.

1990년대 중반 이후부터 진행된 호시노의 '윗사람 신호'를 제거하기 위한 노력은 이렇게 직원들에게 하나둘 침투되었다. 모두가 정보를 공유하고, 그 정보를 바탕으로 자유롭게 의견을 나누는 분위기가 형성되었다. 그 결과 직원들은 고객 서비스를 할 때 누군가의 지시를 기다리기보다 스스로 생각해서 서비스를 하고, 그리고 고객에 대한 정보는 바로 주방, 서비스, 프론트, 객실 등을 불문하고 모두 함께 공유해서 보다 나은 서비스로 발전하는 사이클을 만들어 냈다. 그러나 이 중에서 가장 의미 있는 결과는 윗사람의 눈치를 보지 않고 직원 모두가 스스로 생각해서 행동하는 문화가 정착되었다는 점이다.

많은 기업들의 임원은 전용차나 개인 오피스를 제공받는다. 그리고 '의전'이라는 이름으로 자신이 생각하는 지위에 맞는 대접을 받기를 원한다. 물론 이러한 문화가 잘못되었다고 할 수는 없다. 임원이 되어 그러한 대우를 받는 것을 목표로 열심히 일하는 문화를 가진 회사도 있고, 그러한 조직문화가 좋은 결과를 만들어 내고 있다면 특별히 문제가 될 것은 없다. 하지만 호시노 리조트는 히에라르키에 기반을 둔 기업문화와의 이별을 선언했다. 그것도 1993년, 지금으로부터 30년도 더 전에 사장실, 전용차와 같이 누구나 당연히 누리던 것들을 윗사람 신호라며 버린 것이다. 물론 그 시절에는 호시노를 유난을 떠는 튀는 사람이라며 곱지 않은 시선으로 보는 사람들도 있었다. 그럼에도 불구하고 호시노는 플랫한 조직의 가능성에 주목했고 이를 실현하기 위해 윗사람 신호를 제거했기에 호시노 리조트만의 소통 문화와 모두가 참여하는 '전원 경영'이라 불리는 스타일을 확립했다고 볼 수 있다.

## ▎ 할당량 없는 경영의 도입

호시노 대표가 히에라르키를 없애면서 동시에 변화를 위해 도입한 것이 '할당량이 없는 조직 만들기', 즉 숫자로 된 목표를 금지시킨 것이다. 대부분의 기업들은 성장을 이루기 위해 수치 목표를 설정하고 이를 실현시키기 위해서 직원들을 독려한다. 그런데 호시노는 이러한 보편적인 경영의 방식과는 다른 길을 선택했다. 구체적인 수치 목표를 실현하는 것은 단기적인 수익 확보에는 효과적이지만, 직원들이 행복하게 그리고 멀리 내다보며 플랜을 짜고 전략적으로 일을 하기에는 어려운 점이 있다고 보았기 때문이다. 그리고 무엇보다도 호시노 리조트는 고객만족을 중요하게 여기고 있는데, 고객의 마음을 움직인다는 것은 단기간에 이룰 수 없는 것이다. 이러한 사실을 누구보다 잘 아는 호시노는 고객의 마음을 움직이기 위해서는 긴 시간을 가지고 노력을 해 나가는 것이 중요하다고 판단했다고 한다.

이러한 점은 호시노 리조트를 취재하면서도 가장 믿기 힘든 부분 중 하나였다. 호시노 리조트 정도 규모의 기업이 수치 목표 없이 과연 운영될 수 있을까? 수치 목표를 세우지 않으면 도대체 어떤 구체적인 목표를 세우고, 주주들을 설득할 수 있을지 궁금했다. 이에 대해 BEB5의 지배인이었던 오쓰카는 다음과 같이 말했다.

"일반적으로 총지배인의 역할은 객실 가동률이나 수익률 같은 수치를 올리는 것이라고 생각하는 경우가 많습니다. 하지만 호시노 리조트의 경우 할당량이라는 것은 없습니다. 대신에 고객만족을 높이기 위해 새로운 매력을 만들어 내는 플랜을 짜는 데 고심하고 있습니다. 호시노 대표도 항상 저희에게 지속 가능성이 무엇보다 중요하고, 그런 점에서 수치 목표와 같은 것은 생각하지 말라고 말씀하고 있습니다. 단순히 눈앞의 이익을 추구하면 피곤해지고 일하는 것이 즐겁지 않게 되고, 고객만족을 위해 새로운 매력적인 플랜을 짜는 것이 어려워지기 때문입니다."

그렇다면 어떻게 호시노는 할당량을 배제하는 경영을 추진하게 된 것일까? 그 배경은 호시노가 경영을 맡은 초기에 직원들이 회사를 그만두고 떠난 일과 무관하지 않다. 당시, 호시노는 대표를 맡으며 새로운 개혁을 통해 빨리 수익을 창출하고 싶었다. 그리고 경영대학원에서 배운 지식을 활용해 수치 목표를 세우려고 했다. 하지만 정작 직원들이 대거 그만두는 상황에서 직원들로 하여금 수치 목표를 세워서 분발하도록 하는 것은 자멸에 가까운 선택이었다. 최악의 상황에서 호시노는 수익을 많이 창출하는 것보다 일단 직원들이 떠나지 않고 즐겁게 일할 수 있도록 하는 방법을 찾는 것이 우선이었다. 그리고 고민 끝에 얻은 해답이 직원들에게 할당량과 같은 힘든 과제를 위에서 제시하는 것이 아니라 그들이 일에 대해 스토리를 만들고 즐길 수 있는 방법을 찾는 것이 중요하다는 생각이었다.

예를 들어, 전년 대비 150% 수익 달성이라고 목표를 세운다고 하자. 이러한 목표는 직원들에게 어떤 현실감도 느끼게 하지 않고 오히려 부담으로 작용한다. 결국 이와 같은 무리한 목표를 단기간에 실현하려고 하다 보면 불필요한 사업이나 무리한 광고비 지출 등으로 인해 오히려 좋지 않은 결과를 초래할 가능성이 크다고 판단했고, 호시노는 직원들이 스스로가 몰두할 수 있는 판을 짜는 데 집중했다. 호시노는 필자와의 인터뷰에서 '할당량'을 배제하는 이유에 대해 다음과 같이 실명했다.

"몸짱이 된다는 목표를 가지고 헬스클럽에 가서 하루에 몇 시간씩 매일처럼 운동을 하고 닭 가슴살을 먹으며 몸을 만든다고 하더라도, 결국 정상적인 식사를 하기 시작하면 다시 몸은 원점으로 돌아가죠. 하지만 1년, 2년 지속적으로 운동을 하다 보면 정말 건강하게 몸에 무리 없이 몸짱이 될 수 있고, 이를 실행하는 오랜 시간 동안 더욱더 큰 만족감을 느끼게 됩니다. 결국, 지속 가능한 성장을 위해 중요한 것은 단기간의 수치 목표보다는 무리하지 않고 장기적인 시점을 가지고 차근차근 도전하는 것이고, 그것이 결국 직원들로 하여금 항상 기대 이상의 결과물을 보여 주게 만든다고 확신하고 있습니다."

## ┃ 새로운 조직관리 시스템, 플랫한 조직

1980년대 후반부터 증가하고 있던 리조트 웨딩 붐이 진행된 이후, 호시노 리조트의 브레스톤 코트는 다카하라 교회 高原教会 와 일본의 개신교 사상가로 평가받는 우치무라 간조 内村鑑三 를 기리기 위한 '돌의 교회 石の教会'라는 시설 덕분에 리조트 웨딩의 핫 플레이스로 주목을 받고 있었다. '돌의 교회'는 예식이 있는 시간에는 안을 보기가 힘들지만, 외관이라도 보기 위해 일부러 발걸음을 하는 관광객들이 끊이지 않을 만큼 기독교의 역사 면에서나 건축학적으로도 의미가 있는 시설이다.

이렇게 브라이들 bridal 부문의 운영이 자리를 잡아 가고 수익도 꾸준히 증가하는 가운데 또 다른 문제가 발생했다. 그것은 호시노가 가장 중시하고 있는 고객만족도 평가가 좋지 않게 나타났던 것이다. 브라이들 사업도 잘 되고, 남은 직원들도 힘든 가운데 열심히 일하고 있는데 왜 고객만족도가 하락한 것일까? 그것은 바로 '연공서열에 기반을 둔 인사 시스템'에서 발생한 문제였다. 직원들 중 일부가 수익이 증가하자 더 이상 모험을 하고 싶지 않다며 방어적인 자세를 보이기 시작했던 것이다. 예를 들면, 새로 입사한 직원들이 자유롭게 발언하며 아이디어를 내어 놓음에도 불구하고 고참 직원들은 "지금 이대로 잘되고 있는데 왜?" 하며 반대 의견을 내기 시작했다. 그러자 젊은 직원들은 "왜 저런 사람이 여기서 버티고 있지?"라며 불만이 늘어났고, 결국 직원들 간의 갈등은 고객 서비스에 악영향을 끼쳤다. 호시노가 그동안 공들인 플랫한 조직문화가 붕괴되고 다시 원점으로 돌아가는 모습을 보이기 시작한 것이다.

위기감을 느낀 호시노는 이 문제를 해결하기 위해 새로운 조직관리 시스템을 도입했다. 그것은 바로 기존의 피라미드형의 인사조직체제를 없애고, 10명 정도의 '유닛'으로 불리는 소그룹 단위로 구성된 플랫한 조직 체계를 만든 것이다. 또한 지배인과 유닛의 책임자는 호시노가 임명하는 것이 아니라 '입후보제'를 통해 리더가 되고 싶은 사람은 신입이든 고참이든 상관없이 누구든 도전할 수 있도록 했다.

이렇게 입후보제를 도입하자 일부 고참 직원들 사이에서 동요하는 모습이 보였다. 지배인 혹은 유닛 디렉터를 하다가 다시 평직원으로 돌아가면 이제 회사를 떠나야 될지도 모른다는 걱정이 들었기 때문이다. 이러한 우려에 대해 호시노는 제도의 특징에 대해 보다 구체적으로 설명하면서 직원들의 이해를 구했다. 즉, 호시노 리조트의 인사제도에는 승진과 강등이라는 기존의 개념이 존재하지 않고 대신에 '충전'과 '발산'이라는 개념에 근거해 있다고 설명했다. 예를 들어, 호시노가 학창시절 좋아했던 아이스하키의 경우 전력질주를 하면서 풀타임 경기를 뛸 수 없기 때문에, 플레이와 충전을 반복하면서 경기한다. 이처럼 리더가 되어서 활약하는, 즉 플레이하는 시기는 '발산'이고, 그 자리에서 물러나 플랫한 조직의 일원이 되면 이는 '충전'의 기간에 들어간다는 뜻으로 직원들에게 설명을 해 나갔다.

직원들은 설명을 들으면서도 다소 불안해했지만 실제로 역할을 담당하다 보니 걱정은 해소되었다. 그러면서, "왜 저 사람이 리더야?"라고 불만을 토로하던 젊은 직원들이 입후보를 해서 자신이 리더의 역할을 하게 되면서 내부 연공서열의 질서는 무너졌고, 직원 간의 갈등은 해소되기 시작했다. 호시노도 이러한 변화를 보면서 "직원들에게 맡기면 직원들은 즐기게 되고, 그러면 그들은 스스로가 알아서 행동하게 된다"는 사실을 확신했다고 말한다.

# Chapter 3

# 리조트 재생사업에 눈뜨다,
# 리조나레 야쓰가타케

호시노 리조트가 가루이자와의 작은 기업에서 지금의 모습을 갖추게 되기까지 전환점
이 된 시점은 바로 실패한 리조트를 재생시키는 사업에 뛰어들었던 때라고 할 수 있다.
호시노는 망해 가는 리조트의 재생을 의뢰받아 성공시켜 나가면서 리조트 운영의 달인
으로 거듭나게 되는 성공 방정식을 만들어 냈다.

## | 리조트 달인이 되기 위한 서막

2000년대 들어 해마다 수익이 늘어나면서 호시노 리조트의 경영은 안정되어 가고 있었다. 호시노는 이제 본격적으로 가업으로 내려온 호시노 온천료칸을 전부 리노베이션할 수 있는 자금을 확보할 수 있었다. 하지만 호시노 리조트가 호조를 보이는 상황과는 달리 대부분의 일본 호텔 및 료칸은 유례 없는 위기에 처해 있었다. 1980년대 일본열도를 휩쓸었던 버블경기의 추락으로 인해 리조트 산업 대부분이 큰 타격을 받고 있었기 때문

이다. 잃어버린 30년으로 불리는 불황이 본격화되는 가운데 소비자들의 주머니 사정이 힘들어지면서 호텔과 료칸을 찾는 고객이 급감하고 있었고, 이는 리조트 업계에 큰 타격이 되고 있었다. 그리고 이 여파로 인해 버블 경기에 막대한 투자를 바탕으로 개발된 호텔과 료칸의 상당수가 경영 위기에 처했고, 특히 지방을 중심으로 도산이 급증했다. 그러자 리조트 기업들에게 적극적으로 대출을 해주었던 지방 은행들은 파산한 호텔과 료칸 때문에 골머리를 앓기 시작했고, 부실채권 처리와 재생이 중요한 과제로 등장했다. 바로 이때 호시노 리조트의 거래 은행은 자신들이 부실채권 처리를 담당하고 있던 한 리조트의 재생을 호시노 리조트가 맡아 달라는 제안을 했다. 문제의 리조트는 도쿄에서 차로 2시간 정도의 거리에 있는 야마나시현의 회원제 리조트 호텔이었던 리조나레 고부치자와 リゾナーレ小淵沢 였다.

리조나레 고부치자와는 유통과 소매업을 전개하고 있던 마이칼 Mycal 이 버블경기 속에서 기업들이 업종 불문하고 너 나 할 것 없이 리조트 개발을 진행하는 붐에 편승해서 오픈한 고급 회원제 호텔이었다. 마이칼은 버블이 한창이던 때 세계적인 건축 디자이너인 마리오 벨리니 Mario Bellini 에게 설계를 의뢰했고, 막대한 비용을 들여서 1992년에 리조나레 고부치자와를 오픈했다. 그리고 주요 고객 타깃을 도쿄 근교에 사는 젊은 커플들에 초점을 맞추어 고급화 전략을 추진했다. 하지만 버블경기가 붕괴되면서 리조트를 찾는 이용객의 숫자가 급감했고 점점 마이칼의 경영은 나빠졌다. 실제로 당시 식음료 서비스팀에서 일했던 리조나레 토마무의 지배인 와타나베 渡邊 는 당시의 상황을 회상하며 다음과 같이 말했다.

"마이칼에서 일하고 있었을 당시에 솔직히 고객이 줄어드는 것만으로는 회사가 어렵다고 느끼지는 못했습니다. 다만, 경영진으로부터 손님들이 정산을 할 때 오직 현금만으로 지불하도록 하라는 지시가 내려오자 회사가 어렵다는 것을 처음 느끼게 되었습니다. 그날그날 바로 현금을 받지 않으면 안 될 정도로 어려운 상태라고 인식한 거죠. 그리고 얼마 지나지 않아 다섯 곳의 레스토랑 중에서 결국 두 곳을 축소하게 되자 '이제 정말 위태롭구나' 하고 느꼈습니다."

리조나레 고부치자와는 결국 174억 엔이라는 부채

를 안고 도산했다. 도산 후 부실채권에 골머리를 앓고 있던 은행은 리조트의 재생을 통한 부실채권의 정리를 위해 거래 기업 중의 하나였던 호시노 리조트에게 재생을 맡아 주었으면 좋겠다고 부탁했다. 이 제안을 들은 호시노는 바로 거절 의사를 표했다. 지난 10년 동안 선대의 유산인 호시노 온천료칸을 호시노 리조트로 바꾼 후 수많은 우여곡절을 겪으며 겨우 수익이 안정적으로 확보된 상황이었기 때문이다. 뿐만 아니라, 호시노는 획득한 수익을 바탕으로 호시노 온천료칸을 리노베이션하는 데 집중을 하고 싶기도 했다. 호시노가 난색을 표했음에도 불구하고 은행은 계속해서 호시노에게 맡아 줄 것을 간곡하게 부탁해 왔다. 호시노는 거절할 이유를 찾기 위해서라도 일단 현장을 방문해 보기로 했다.

호시노가 리조나레 고부치자와에 도착한 날, 대연회장에는 100명이 넘는 직원들이 모여 있었다. 후에 호시노 리조트의 마케팅 부문을 총괄하게 되는 사쿠라이 준櫻井潤도 당시 그 자리에 앉아 있는 직원 중의 한 명이었다. 사쿠라이는 그 당시를 회상하며 다음과 같이 말했다.

"2001년 12월 19일에 직원들을 대상으로 하는 설명회에 호시노 리조트에서 사람들이 온다는 이야기를 들었습니다. 그때 저는 검은색 양복을 입은 사람들이 몰려와서 저희들을 다그치지 않을까 하는 그런 걱정을 하고 있었는데, 그때 온 것은 3명뿐이었습니다. 호시노 대표, 새롭게 지배인으로 올 요시카와, 그리고 당시 경리부 책임자였던 아키모토였습니다. 그때 호시노가 말한 것 중에 제가 기억하고 있는 것은 "여러분이 주인공이기 때문에 리조트의 재생을 위해 여러분이 책임의식을 가지고 노력해 주었으면 좋겠다"는 것이었습니다. 저는 그때 그만둘지 고민하고 있었는데, 호시노 대표의 "여러분과 같이 호텔을 살려 보겠다"는 말이 저를 붙잡았습니다. 마이칼 시절의 운영진은 현장 직원들의 의견을 전혀 받아들이지 않았습니다. 저는 현장에서 일하기 때문에 느끼고 개선해야 할 점이 보였고 그에 대해 의견을 제시해 왔지만, 총지배인이나 부총지배인에게까지 전달되지 않았습니다. 그리고 설사 전달되었다고 하더라도 실행될 기미는 전혀 보이지 않았습니다. 이 부분에 대해서 저는 항상 불만을 가지고 있었습니다. 윗사람들에게 귀여움을 받는 직원들만 우대를 받고, 윗사람들은 본인들이 하고 싶은 대로 하고 있다고 느껴졌습니다. 그렇게 회사에 대해 실망하고 있었을 때 호시노가 와서 직원들이 주도해서 재생을 이루라고 하니 남아서 같이 해보는 것도 좋겠다고 생각하게 되었습니다."

## | 직원 중심의 컨셉 만들기 팀[2]

호시노 대표의 프레젠테이션으로 시작된 리조나레 고부치자와 재생사업의 첫 번째 단계는 직원들과 같이 철저하게 조사하는 것이었다. 리조트를 누구보다 잘 안다고 생각했던 직원들도 호시노 대표와 같이 조사를 진행하면서 객관적으로 리조트가 안고 있는 문제를 파악할 수 있게 되었다. 우선 직원들이 가장 큰 문제로 파악한 것은 지리적 요인에 대한 부분이었다. 조사를 담당했던 사쿠라이는 당시 호시노 대표와 같이 조사결과를 분석했던 때를 회상하면서 말했다.

---

2   나카자와 야스히코(中沢康彦), 《호시노 리조트의 교과서: 서비스와 이익을 양립시키는 법칙(星野リゾートの教科書—サービスと利益両立の法則)》 닛케이BP, 2010.

"원래 경영은 마이칼이 리조나레 고부치자와를 오픈했을 때부터 잘되지 않았습니다. 고부치자와는 리조트지도 아니고 딱히 특별히 내세울 것이 없는 지역이었습니다. 그런데 갑자기 이탈리아 건축가의 디자인 건물이 세워졌습니다. 객관적으로 말하면, 사람들이 찾을 이유도 없는 곳에 의미도 없는 디자인의 호텔이 세워졌던 것이죠. 그나마 겨우 여름 한철 등산이나 승마를 좋아하는 일부 사람들이 찾는 곳에 지나지 않았습니다. 이런 곳에 100개가 넘는 객실을 가지고 있다 보니 수익을 창출하기에는 어려움이 있을 수밖에 없었죠."

그런데 호시노는 조사결과를 조금 다르게 받아들였다. 관광객에게 알려져 있지 않다는 사실은 지금부터 알려서 관광지로 만들면 그것만으로 충분히 상황을 반전시키는 요인이 될 수 있다고 보았다. 또한, 규모가 크다는 것은 다양한 아이디어를 구현할 수 있는 공간이 형성되어 있다는 것을 뜻한다고 해석했다. 그리고 무엇보다도 147억 엔이라는 부채를 안고 도산한 리조트를 재생시킨다면 리조트의 달인을 지향하는 호시노 리조트의 목표를 현실화할 수 있다는 자신감을 줄 것으로 생각했다.

호시노는 리조나레 고부치자와 시절 톱다운으로 이루어지던 의사결정의 구조적 문제를 해결하고 새로운 서비스 모델을 창출하기 위해 '컨셉 만들기'부터 착수했다. 이 과정에서 호시노가 중요하게 생각한 것은 리조나레 고부치자와에 대해서 그 누구보다 잘 아는 직원들을 중심으로 컨셉 만들기를 추진한다는 것이었다.

　그렇다면, 호시노가 제일 먼저 재생을 위해 시작한 컨셉 만들기란 무엇일까? 그것은 바로 어떤 고객을 타깃으로 해서, 어떤 서비스를 제공할지를 명확하게 구체화해 가는 작업이었다. 컨셉 만들기를 담당할 '컨셉위원회' 멤버 공모가 시작되자 많은 직원들이 손을 들었고, 그중에 16명이 정해졌다. 그렇게 열린 첫 모임에서는 누구도 쉽사리 입을 열지 못했다. 16명 모두 서로 눈치를 보기에 바빴기 때문이다. 호시노는 컨셉위원회의 이러한 경직된 분위기를 풀기 위해 농담을 하면서 직원들이 이야기하기 좋은 분위기를 만들어 갔다. 호시노 특유의 유머와 화술 덕분에 직원들은 점점 솔직하게 자신의 의견을 내기 시작했고, 의견이 쏟아지기 시작하자 아침부터 저녁까지 컨셉위원회에서는 열띤 토론이 이어졌다.

리조트 재생사업에 눈뜨다, 리조나레 야쓰가타케

호시노는 두 가지 안으로 좁혀질 때까지 회의의 분위기를 조성하는 것 외에는 어떤 구체적인 내용에도 관여하지 않았다. 예를 들면, "정말?", "조금 더 구체적으로 얘기하면 어떨까요?" 그리고 침묵이 한동안 흐르면 "자, 어떻게 할까요?"라고 말하는 정도였다.

오랜 토의 끝에 멤버들은 두 가지 컨셉안을 만들었다. 첫 번째 안은 마이칼 시절부터 주요 고객층이었던 20~30대의 젊은 커플을 타깃으로 하는 아이디어였다. 두 번째 안은 초등학교에 입학하기 전의 자녀를 둔 가족을 대상으로 하는 것이었다. 이 두 가지 안 중에서 멤버들의 상당수는 마이칼 시절의 타깃과는 달리 새롭게 가족들을 타깃으로 하는 두 번째 안에 마음이 기울었다. 그 이유는 마이칼이 운영하던 시절부터 가족 고객들이 지속적으로 증가하고 있었고, 리피터 고객은 가족들이 대부분이었기 때문이다. 가족 고객을 타깃으로 하자고 이야기를 할 때 지켜보고 있던 호시노에게도 직원들은 모두 활기차 보였다. 토의는 가족 고객을 타깃으로 했을 때 이들을 위해 어떤 매력적인 서비스를 제공해야 할지로 이어졌다.

그런데 막상 가족을 타깃으로 하는 리조트 재생안을 논의하기 시작했을 때, 직원들은 국내에 있는 가족 타깃 리조트 상품들을 조사한 결과 국내에는 가족들을 타깃으로 한 수많은 리조트들이 존재한다는 사실을 알게 되었다. 그리고 다른 리조트와는 차별화된 서비스가 필요하다고 인식하게 되었다. 하지만 쉽게 새로운 아이디어가 떠오를 리 만무했다. 그렇게 토의가 벽에 부딪혔을 때, 토의를 지켜보고 있던 호시노가 직원들에게 질문을 던졌다.

"일본에서 가족 고객들이 호텔 및 료칸을 찾는 이유에 대해 조사한 결과에서 1위는 '가족 서비스'라고 합니다. '가족 서비스'라는 말은 가족 중 누군가가 서비스를 하는 쪽에 있어야 된다는 것을 의미합니다. 이는 누군가는 리조트에 와서도 휴식을 취하지 못하게 된다는 뜻인데, 그렇다면 리조트에서 행복한 시간을 보냈다고 할 수 있을까요?"

멤버들은 호시노의 질문을 받고 생각에 빠졌다. 그러면서, '가족 서비스'라는 이름으로 아빠와 엄마 중에 누군가가 희생을 치르는 대신 아이와 부모 모두가 휴식

을 취할 수 있게 하는 방법은 없을까 하고 열띤 토론을
전개하기 시작했다.

토의를 지켜보던 호시노에게는 또 다른 의문이 떠올
랐다. 그것은 가족여행으로 리조트에 온다고 해서 머무
는 일정 동안 계속해서 아이와 부모가 같이 붙어 있어야
하는가 하는 점이었다. 그래서 호시노는 멤버들에게 다
시 질문했다. "부모와 아이가 항상 함께 있어야 할까요?
리조트에 머무는 동안 부모와 아이가 때로는 떨어져 있
어도 되지 않을까요?" 이 말에 직원들의 일부는 "가족여
행으로 왔는데 어떻게 가족이 따로따로 시간을 보낼 수
있나"며 반발했다. 그리고 "그렇게까지 해서 서비스를
제공할 필요가 있을까" 하는 반대 의견을 내기도 했다.
이에 대해 호시노는 "당장 결론을 내릴 필요는 없고 가
족은 반드시 함께라는 상식을 전제로 할지, 말지부터 토
의를 해볼 것"을 제안했다.

멤버들은 가족 고객을 맞이했을 때의 모습을 연상하
면서 다시 논의를 시작했다. 멤버들의 머릿속에는 한 가
족, 두 가족 호텔에 도착하는 모습이 떠올랐다. 그리고
지친 아빠 혹은 엄마의 모습이 생각이 났다. 힘들게 오랜

시간 운전을 하고 호텔에 도착해서 체크인을 하고, 짐을 챙겨 풀장에서 아이들과 놀고, 레스토랑에서 아이들의 저녁을 챙겨 먹이느라 요리의 맛도 못 느끼면서 음식을 입에 집어넣듯이 먹고, 온천에 가서 아이들을 씻기고 허둥지둥 나와서 아이들을 재우면서 지쳐서 잠이 드는 부모들……. 이런 가족들의 모습을 떠올리며 멤버 모두 '부모와 아이들이 때로는 떨어져 있어도 괜찮을지도 모르겠다'가 아니라, '떨어져 있을 필요가 있다'고 생각하게 되었다. 그리고 이를 전제로 가족을 위한 서비스를 고민하기 시작했고, 그 결과 최종적으로 나온 리조나레 고부치자와의 재생 컨셉은 '어른들을 위한 패밀리 리조트'였다.

그런데 막상 '부모와 잠시 떨어져 있어도 괜찮아'라는 컨셉을 실현하려고 해도 그것을 현실화하는 것은 쉽지 않았다. 패밀리 리조트를 표방하는 일본의 어느 리조트에서도 아이를 맡아 주는 보육 서비스 외에 아이들과 부모가 자연스럽게 떨어져서 시간을 보낼 수 있는 리조트 서비스는 없었다. 컨셉위원회의 멤버들은 회의를 거듭하면서 먼저 리조나레 고부치자와의 이름을 '리조나레

야쓰가타케 リゾナーレ八ヶ岳'로 바꾸고 본격적으로 아이들과
어른 모두 즐길 수 있는 서비스를 고안하기 시작했다.

## ▍ 어른들을 위한 '패밀리 리조트' 아이디어

재생사업의 중심에 있던 컨셉위원회의 멤버들은 건
축가 마리오 벨리니가 가장 공을 들인 피망거리 Piment Street
에 주목했다. 마리오 벨리니는 방문한 사람들이 즐겁게
걸을 수 있는 공간을 제공하기 위해 이탈리아 산악 도시
에 있는 상점가의 요소를 가져와 설계에 반영했다. 거리
에는 작은 광장이 있고 도로 좌우의 건물은 평행하게 배
치되어 있는 듯 보이지만, 실제로는 불규칙하게 배치되
어 있어 마치 객석에서 피망거리를 하나의 무대처럼 볼
수 있게 설계되어 있었다. 때문에 마르셰 marché: 시장 를 열
거나 여러 가지 이벤트를 하기에는 최적화되어 있었다.
그래서 이 공간을 활용해 지역의 상점가들이 팝업숍을
열 수 있는 공간으로 활용했다. 지역의 상점들도 여름 한
철을 제외하고는 관광객이 없어 항상 파리만 날리고 있

었기 때문에, 호시노 리조트가 마르셰를 개최하고 지역의 가게들을 유치하자 적극적으로 참여했다. 호시노 리조트는 다양한 지역의 상품들을 소개해 임대료 수입을 얻고, 지역 상점들은 판매 수입을 얻고, 그리고 고객들은 일부러 차를 운전해 지역의 가게들을 찾아다니는 수고로움을 덜 수 있게 되었다. 피망거리를 중심으로 다양한 서비스가 고객들을 만족시키면서 숙박객뿐만 아니라 레스토랑과 수영장을 이용하기 위해 당일로 찾는 고객들도 증가했다.

컨셉위원회는 활용도가 높은 피망거리를 '어른들을 위한 리조트'라는 컨셉을 구현하는 중요한 공간으로 정의하고, 이 공간에서 아이들과 부모가 모두 휴식을 취할 수 있는 서비스를 제공하기로 결정했다. 그 대표적인 서비스가 아이들이 다양한 액티비티를 체험할 수 있는 'GAO 야쓰가타케 액티비티센터'였다. 맞은편에는 북앤카페 Books&Cafe 를 만들어 어른들이 휴식을 취하면서 아이들을 지켜볼 수 있도록 공간을 연출했다. 부모들은 아이들이 강사와 함께 액티비티를 즐기는 모습을 보면서 커피를 마시고 책을 보는 휴식을 취할 수 있다. 부모와 자녀를 완전히 분리시키는 것이 아니라 부모들이 아이들을 지켜볼 수도 있고 동시에 휴식을 취할 수도 있게 만든 것이다. 뿐만 아니라 쇼핑을 하고 싶은 부모들은 피망거리의 숍들을 돌며 지역의 농산물과 특산품을 구매하면서 자기만의 시간을 가질 수 있다.

멤버들은 이것만으로는 어른들을 위한 패밀리 리조트가 되기에는 부족하다고 생각했다. 그들은 지금껏 해왔듯이 논의를 거듭했고 그런 가운데 한 직원이 "와인도 괜찮을 것 같은데"라고 말했다. 그리고 이 한마디로 이 지역의 유명한 '야쓰가타케 와이너리'와의 협업이 시작되었다. 원래 고부치자와는 행정구역의 의미로 사용되는 명칭이지만, 사람들에게는 오히려 야쓰가타케라는 명칭으로 잘 알려져 있었다. 오랜 기간 동안 일본 내에서는 드물게 와인을 생산하는 곳으로 알려진 야쓰가타케 와이너리 덕분이었다. 실제로 야쓰가타케의 와이너리는 마이칼 시절에 회원들이 시설을 이용하면서 가장 즐기는 서비스 중의 하나이기도 했다.

바로 이 점에 주목한 컨셉위원회의 멤버들은 아이들과 저녁을 먹고 나서 어른들이 야쓰가타케의 와인을 여유롭게 즐길 수 있도록 하면 어떨까 생각했다. 일본 전국에 분포한 230곳의 와이너리 중 절반 이상이 야쓰가타케 인근에 위치해 있어서 고객에게는 다양한 와인을 시음할 수 있는 기회를 제공할 수 있고, 지역 와이너리에게는 수익을 증가시킬 수 있다고 보았다. 그런데 와인을 레스토랑에서만 제공하면 결국 아이들을 돌보는 어른들은 제대로 즐기지 못할 것이 분명했다. 그래서 고안한 것이 객실에서 와인을 마실 수 있도록 와인냉장고, 다양한 와인잔, 디캔터와 오프너 등을 구비해 두자는 안이었고, 이는 아이들이 잠든 후 어른들만의 시간을 가지는 데 중요한 역할을 했다. 이와 같은 노력 덕분에 리조나레 야쓰가타케는 어른들을 위한 패밀리 리조트라는 컨셉으로 성공적으로 변신하게 되었다.

## ┃ 리조트 재생의 성공을 위한 네 가지 공식

사실 마이칼 시절의 모든 직원들이 사쿠라이나 와타나베처럼 호시노 리조트의 새로운 문화에 잘 적응한 것은 아니었다. 사쿠라이는 당시의 가장 힘들었던 시절을 아래와 같이 회상했다.

"저는 호시노 리조트의 시스템에 적응해서 능동적으로 움직이고 있었지만 마이칼 시절 직원들 가운데 그렇지 못한 사람들도 있었습니다. 그러다 보니 적응한 직원들과 그렇지 않은 직원들 사이에서 조화가 이루어지지 않고 일도 잘 돌아가지 않는 경우가 자주 있었습니다. 예를 들면, 마이칼 시절 저는 연회장을 담당했기 때문에 주방장들과도 잘 지냈습니다. 그런데 제가 호시노 리조트가 추구하는 방향에 따라서 일하기 시작하자, 이들은 저를 괴롭히기 시작했습니다. 제 의견을 무시한다든지, 일을 부탁해도 들어주지 않는다든지 하는 식이었습니다. 저는 성격상 개인에 대한 괴롭힘을 신경 쓰는 스타일은 아니었습니다만 일이 잘 진행되지 않으니 답답했죠."

하지만 사쿠라이를 괴롭히며 호시노 리조트의 문화에 적응하지 못한 마이칼 시절의 직원들은 회사를 떠났다. 그리고 호시노 리조트가 재생을 맡은 후 2005년에 처음으로 흑자 100만 엔을 달성했고, 2006년에는 8000만 엔의 이익을 올렸다. 그리고 2017년에는 40억 엔 흑자를 창출했고 최대 기록을 갱신해 나갔다.

그렇다면, 호시노 리조트의 재생사업 1호 안건인 리조나레 야쓰가타케의 성공 원인은 무엇일까? 첫째, 절실함을 가진 당사자들 주도의 '컨셉 만들기'를 들 수 있다. 흔히 컨셉을 설정할 때 경영자나 전략기획실의 주도로 이루어지는 경우가 많다. 하지만 호시노 리조트의 컨셉은 철저하게 그 현장의 직원들에 의해서 만들어진다. 전략기획실은 토의에 필요한 정보나 조사자료가 있으면 제공해 주는 서포트의 역할을 담당할 뿐이다. 현장을 알고, 고객을 알고, 그리고 무엇보다 일하는 곳이 잘되어야 살아남을 수 있다는 절실함이 있는 직원들 주도로 만들어진 컨셉 그 이상의 정답은 찾기 힘들 것이다.

둘째, '어른들을 위한 패밀리 리조트' 서비스라는 컨셉을 만드는 과정에서 보여 준 고정관념에서 벗어나려는 노력을 들 수 있다. "부모와 자녀는 반드시 붙어 있어야 하는가?", "가족여행은 왜 반드시 가족 서비스라는 이름으로 누군가의 희생을 전제로 해야 하는가?" 이처럼 고정관념에 대해 계속 질문을 던졌다. 수많은 호텔 리조트들이 패밀리를 대상으로 할 때 아이들이 좋아하는 캐릭터에 초점을 맞추고 아이들의 마음을 사로잡기에 급급하다. 하지만 그 리조트를 선택할지 말지를 결정하는 것은 부모들이다. 호시노 리조트는 아이만 행복하고 여행의 결정권자는 힘든 그런 리조트가 아닌, 아이와 부모 모두 행복한 시간을 보내도록 하는 것에 주목했다. 이를 통해 고정관념에서 벗어난 다양한 서비스를 구현할 수 있었다.

셋째, 지역의 특징을 반영한 서비스를 개발해 냈다는 것이다. 호시노 리조트를 취재하면서 체험해 왔던 서비스들은 항상 지역의 특징을 반영하고 지역과 상생하는 내용들이었는데, 이러한 원칙이 처음 구현된 곳이 바로 리조나레 야쓰가타케라고 할 수 있다. 보통 지역상권의 주인들은 리조트가 들어와 그 안에 숍과 레스토랑을 설치하면 자신들의 생계가 위협받는다고 생각한다. 하지만 호시노 리조트는 재생을 도모하면서 지역 와이너리의 와인을 판매하고, 지역의 가게들을 마르셰에 참여시켜서 상생을 도모했다. 그리고 이를 통해 양자가 수익을 확대해 나갈 수 있는 기틀을 마련했다. 호시노 리조트는 지역상권을 라이벌이 아닌 협력의 파트너로 만들어 자연스럽게 협력자를 증대시켜 나갔다. 그리고 이러한 경험은 지금까지 호시노 리조트가 지역에 기반을 두고 지역상권과의 상생을 도모하는 전략의 토대가 되었다.

넷째, 리더가 자신의 의견을 관철시키지 않았다는 점을 들 수 있다. 리조나레 야쓰가타케가 경영이 정상화되는 가운데 풀리지 않는 숙제가 있었는데, 그것은 겨울의 가동률이 20~30% 정도로 낮다는 것이었다. 하쿠바 白馬 와 니세코 ニセコ 처럼 스키장이 유명한 곳도 아니고, 온천으로도 유명하지 않은 상황이다 보니 어떻게 보면 당연한 수치였다고 할 수 있다. 하지만 직원들은 지역의 작은 스키장에서 '게렌 데뷔 ゲレンデビュー: 스키장에서 스키를 처음 타는 것'라는 서비스를 제공하기 시작했다. 이는 고객들이 빈손으로 와서 스키를 배우는 상품인데, 아이에게 처음 스키를 가르치려는 부모들로부터 인기를 얻었다. 그리고 부모들은 아이들이 스키를 배우는 동안 커피와 와인을 마시면서 여유로운 시간을 보낼 수 있었다. 이렇게 비수기에도 수익을 창출할 수 있는 서비스가 하나둘 자리 잡아 갈 즈음, 직원들이 호시노에게 한 가지 제안을 했다. 아이들을 위한 스키용품 대여 비용을 무료로 하자는

리조트 재생사업에 눈뜨다, 리조나레 야쓰가타케

것이었다. 보다 많은 아이들이 더 많이 탈 수 있게 했으면 하는 바람 때문이었다. 하지만 호시노는 서비스도 좋지만 수익을 생각하면 스키용품 대여료를 받는 게 좋겠다고 말했다. 그럼에도 불구하고 직원들은 굽히지 않았다. 결국 호시노가 자신의 생각을 접었고, 그 이후 아이들의 스키용품 무료 대여 서비스는 겨울에도 고객들이 발걸음을 옮기게 만들어, 겨울의 가동률을 60% 이상, 연간 평균 가동률 80% 이상을 이루어 내는 데 성공했다. 그리고 호시노도 이 경험을 바탕으로 본인의 생각과 달라도 직원들이 옳다고 믿는다면 그들의 의견을 존중하고 믿어 주는 것이 중요하다고 확신하는 계기가 되었다.

리조트 업계에서는 리조나레 야쓰가타케의 재생 과정을 보고 너도나도 모방을 시도했다. 액티비티를 기획해서 진행하고, 북카페와 같은 공간을 만들어 부모와 아이들을 분리시키고, 방에 와인뿐만 아니라 수제맥주도 갖추어 두는 식이었다. 그러나 모방은 결국 대부분 흉내 내기로 끝났다. 왜일까? 그것은 바로 직원들 개개인이 시설을 찾는 고객들의 특징을 파악하고 그들을 만족시키기 위한 치열한 고민의 시간과 논의가 부족했기 때문이다. 진정 고객이 어떤 서비스를 바라는지, 자신들은 어떤 서비스를 제공하고 싶은지, 이 두 가지 고민이 없었기에 서비스에서 진정성을 느낄 수 없었던 것이다.

이처럼 호시노가 리조나레 야쓰가타케의 적자를 3년 만에 흑자로 전환시켜 안정적인 운영에 들어섰을 즈음 다른 리조트들은 불황의 여파로 도산이 이어지고 있었다. 바로 이때 도산한 리조트의 부실채권을 헐값에 사들여 리조트를 재생시켜 매각하는 비즈니스 모델에 주목한 기업이 나타났다. 바로 미국계 투자은행 골드만삭스 Goldman Sachs 였다. 당시, 골드만삭스는 이 사업모델을 구현하기 위해서 재생을 담당해 줄 파트너를 찾았고 호시노 리조트에 손을 내밀었다. 물론 그 이유는 두말할 것도 없이 리조나레 야쓰가타케 재생의 성과에 주목했기 때문이다. 이렇게 골드만삭스와 파트너십을 맺은 호시노 리조트는 본격적으로 재생사업에 뛰어들게 된다.

리조트 재생사업에 눈뜨다, 리조나레 야쓰가타케

# Chapter 4

## 쓰러진 리조트를 춤추게 만들다, 아오모리야

공연장에서 날아갈 듯 흥겹게 춤을 추는 직원들, 흔한 향토요리를 아오모리야의 유니크한 뷔페 메뉴로 선보이고, 사과주스가 나오는 사과나무를 만들어 내는 소소한 아이디어까지…….

철저하게 아오모리를 즐길 수 있는 소프트웨어를 개발해 성공한 재생 스토리는 호시노 리조트 직원들의 열정에 기반을 둔 대표적인 재생 사례로 꼽을 수 있다.

## | 거대 명문 호텔의 몰락

아오모리의 미사와 공항에 내리자마자 우리 가족을
맞이한 것은 북한 사투리와 비슷한 독특한 억양의 아오
모리 방언과 끝없이 펼쳐진 눈밭이었다. 그리고 그 눈 속
에 보이는 영어 간판들은 미군 기지가 있는 미사와의 독
특한 거리 모습을 연출하고 있었다. 독특한 시골의 정취
를 느끼며 도착한 곳은 아오모리야 青森屋 , 딱 보기만 해
도 오래된 건물이었지만 우리를 맞은 것은 밝고 활기 넘
치는 직원들이었다. 오래된 시설과 활기 넘치는 직원들

의 이색적인 조합이 주는 분위기는 이곳에서는 무언가 재미있는 경험을 할 수 있겠다는 생각이 들게 했고, 그 예상은 맞아떨어졌다.

2004년 호시노 리조트에는 아오모리현을 대표하는 명문 온천호텔 고마키 그랜드 호텔 古牧グランドホテル 의 재생 안건이 들어왔다. 고마키 그랜드 호텔은 일본 자본주의의 아버지라고 불리는 시부사와 에이이치 渋沢栄一 의 비서였던 스기모토 유키오 杉本行雄 가 1973년에 미사와 지구에 온천을 발굴해 오픈한 호텔로, 도쿄돔 17개 규모의 광대한 부지 안에 4개의 호텔 건물을 건축한 대규모 온천호텔이었다.[3] 특히, 1980년대 버블경기로 인해 리조트 수요가 증가하면서, 아오모리현 최대의 호텔이었던 고마키 그랜드 호텔은 일본 황실을 비롯해 부유층이 찾으면서 일본을 대표하는 명문 온천호텔의 하나로 성장했다. 실제로 당시 리조트 개발 경쟁이 과열되는 상황에서도 여행잡지가 선정한 호텔 랭킹에서 10년 연속 10위 안에 들어가는 기록을 세우기도 했다.

---

3  호시노 요시하루(星野佳路), 〈리조트 재생에의 도전(リゾート再生への挑戦)〉 《77 비즈니스 정보(七十七ビジネス情報) 여름호》 2006년 7월 14일, pp.29-35.

하지만 1990년대 후반에 접어들어 일본의 경제가 불황의 늪에 빠지며 리조트의 수요가 급감하고 동시에 시설의 노후화가 진행되면서 호텔을 찾는 고객 수는 점점 감소하기 시작했다. 그러자 스기모토와 그의 아들들은 호텔이 처한 위기를 극복하기 위한 대책으로 '조식 및 석식을 포함한 1박당 3150엔'이라는 저가격대의 상품을 내놓았고, 명문 호텔로서의 브랜드 가치는 추락하기 시작했다. 실제로 이렇게 싼 가격의 상품을 내놓자 기존에 자주 찾아오던 오랜 고객들마저도 잃는 결과를 초래했다.

그러던 가운데 창업자인 스기모토가 세상을 떠난 후 얼마 지나지 않아 경영진은 증가하는 부채를 감당하지 못하고 결국 2004년에 파산신청을 했다. 파산 당시의 부채 금액은 130억 엔에 달했다.[4] 그리고 골드만삭스가 호텔의 채권을 사들여 호텔 재생에 뛰어들었다. 골드만삭스는 호텔을 인수한 후 하얏트 등 글로벌 호텔 브랜드의 오랜 경영 경험을 가진 독일인 사장을 채용해 재생을 맡겼다. 하지만 그는 재생의 비전을 제시하지 못한

---

4  호시노 요시하루, 〈리조트 재생에의 도전〉《77 비즈니스 정보 여름호》 2006년 7월 14일, pp.29-35.

으로 수익이 나락을
잘 알고 있었다. 그렇
오히려 내부에 숨겨
한 명 한 명과 인터뷰
산 원인을 파악할 수
음의 두 가지 이유를

첫째, 설비의 노
리조트의 고객 수요가
높이고자 '조식 및 석
말도 안 되는 가격으
유였다. 둘째, 창업 시
조직문화를 주 원인으
운 문화로 인해 직원들
온 것이다.

사토는 이 두 가지
로 직원들 간의 커뮤
회를 구성해 호텔의 마

채 1년도 되지 않아 호텔을 떠났다. 그러자 골드만삭스는 당시 리조나레 야쓰가타케의 재생을 통해 주목을 받고 있던 호시노 리조트에 고마키 그랜드 호텔의 재생을 의뢰했다.

호시노 리조트에 고마키 그랜드 호텔의 안건이 들어왔다는 이야기가 도는 가운데, 당시 가루이자와 브레스톤 코트에서 근무하고 있던 사토 다이스케 佐藤大輔 도 이 안건에 대해 회의적인 생각을 가진 이들 중 한 사람이었다. 사토는 어느 날 우연히 전무와 이야기를 하던 중에 지나가는 말로 "고마키 그랜드 호텔의 재생 안건은 힘들 것 같은데요. 누가 그걸 담당하죠?"라고 물었다. 그러자 전무는 웃으면서 "네가 가서 한번 해볼래?" 하고 말했다. 사토는 당시 전무의 말을 농담으로 받아들였고 그 사실을 잊고 있었다. 하지만 2주 후 2005년 8월, 사토는 사장실 소속 조사원이라는 직책으로 아오모리에 도착해 있었다.

사토가 고마키 그랜드 호텔로 이동하고 있을 즘 조리부에서 일하고 있던 구마노 요시타케 熊野芳武 를 비롯한 직원들은 현관에서 두 줄로 서서 외국에서 온 사절을

맞이하는 의장대처럼
다. 고마키 그랜드 호텔
보라고 하면 목이 빼
돌려야 했고, 사장이
도로 강한 톱다운 조직
구마노를 포함한 직원
일단 그의 풍모에 놀라
들고 따르면 잘되겠지
로 다짐했다.

　호텔에 도착한 사
원들과 함께 고객을 접
면서 시간을 보냈다. 그
다. 일단 경영 위기의
'조식 및 석식을 포함
지시켰다. 그러자 예상
던 고객들의 발걸음마
까지 하락했다. 이러한
사토는 모든 파산한 리
위를 도려내는 것이 제

## ｜ 하나부터 열까지 아오모리의 색깔을 담다

　첫 번째 회의를 위해 사토가 회의실 문을 열었을 때 간부사원 20명 정도가 하얀 식탁보가 덮여 있는 테이블 주위에 차렷 자세로 서서 기다리고 있었다. 사토는 이제 지시를 기다리는 이러한 조직문화를 버리고, 직원들이 스스로 해답을 찾아 가야 할 것이라고 말했다. 이를 위해 먼저 상명하달식의 피라미드 조직구조를 없애고 호시노 리조트의 유닛 시스템으로 바꾸었다.

　그런데 호텔의 규모가 크고 재생사업을 맡는 조건으로 직원들을 어느 누구도 해고하지 않겠다는 원칙 아래에 진행하다 보니 유닛의 수만 60개가 넘을 정도였다. 그렇게 유닛을 나누고 직함도 모두 없애 버리고 나자 한 가지 재미있는 변화가 나타났다. 기존의 부장, 과장, 계장, 이런 직함을 가진 직원들은 직책이 없어져 당황했고, 평사원으로 분류되던 직원들은 자신과 같은 지위가 된 간부들을 어떻게 대해야 할지 고민에 빠졌다. 또 한 가지 직원들이 당황한 부분은 자신이 속한 조직을 유닛으로 부르는 것도 생소한데, 입후보제로 유닛 디렉터를 뽑다 보니 디렉터라는 지위에 전혀 어떤 무게감이 실리지 않았던 것이다.

하지만 어색하게만 느껴졌던 조직문화도 컨셉위원회를 개최하면서 조금씩 바뀌기 시작했다. 예를 들어, 호텔 프론트와 객실을 담당하고 있던 직원들은 오전에 체크아웃을 하고 객실 관리를 하느라 분주한데 레스토랑의 직원들은 조식이 끝나면 담배를 피우며 쉬는 모습을 보고 내심 불만을 가지고 있었다. 그런데 유닛으로 나누어져 멀티태스크로 레스토랑에서의 서비스도 같이 병행하다 보니, 레스토랑이 얼마나 분주하게 돌아가는지를 알 수 있게 되었다. 이렇게 직원들이 서로의 업무를 이해하게 되는 분위기가 형성되자 조금씩 직원들 간에 소통이 활발해지고 서서히 자기의 목소리를 내기 시작했다. 직원들의 소통이 활발해지자 사토는 재생의 핵심 키워드인 컨셉 만들기에 착수했다.

원래 고마키 그랜드 호텔은 거대한 규모와 호화로운 시설로 인기를 얻어 왔고, 이런 점에서 보면 시설의 리노베이션이 가장 빠른 재생의 길인 것은 분명했다. 하지만 130억 엔의 부채를 안고 있는 상황에서 노후화된 시설을 전부 새롭게 리노베이션하는 투자를 단행하는 것은 불가능했다. 호시노 리조트는 시설에 대한 투자 이외의 방법으로 호텔의 매력을 창출하는 길을 모색했고, 이번에도 주목한 것이 리조나레 야쓰가타케에서 했던 '컨셉 만들기'였다.

컨셉 만들기를 위해 사토가 제일 먼저 한 것은 호텔의 명칭을 바꾸는 것이었다. 과거의 고마키 그랜드 호텔이라는 이름 대신 아오모리라는 지역에 기반을 둔 시설이라는 의미로 '아오모리야'로 부르기로 했다. 사토는 직원들이 고객을 위해 어떻게 서비스를 해야 할지 생각할 수 있도록 만들기 위해서는 제대로 된 서비스가 무엇인지를 체험할 필요가 있다고 생각해, 도쿄 디즈니랜드와 시나가와 프린스 호텔, 이시카와현의 료칸 카가야를 찾았다. 서비스를 제공하는 다른 시설을 체험한 후 아오모리야로 돌아온 직원들과 사토는 재생위원회를 만들어 본격적인 컨셉 만들기에 착수했다. 그렇게 오랜 논의의 끝에 완성된 컨셉이 바로 '노레소레 *のれそれ*'였다. '노레소레'는 '힘껏', '철저하게'라는 아오모리의 방언으로 '철저하게' 아오모리를 체험할 수 있는 서비스를 제공하겠다는 의지가 담겨 있었다.

　그렇다면 철저하게 아오모리를 체험할 수 있는 서비스란 어떤 것이었을까? 예를 들면, 고마키 그랜드 호텔 시절에 레스토랑에서는 효율성과 비용 절약을 중시한 나머지 요리의 재료부터 시작해 많은 부분에 어느 지역에서나 구입할 수 있는 기성제품을 사용해 왔다. 그 때문에 호텔을 찾는 고객들은 아오모리에 와서 숙박을 해도 별다른 감흥을 느끼지 못했다고 한다. 일례로, 참치를 가져와 참치 해체쇼를 한 적이 있었다. 그런데 참치 해체쇼는 아오모리 외에 일본 각지 어디서나 볼 수 있는 것이었고, 이를 굳이 아오모리에 와서 보는 것에 고객들은 어떤 즐거움도 느끼지 못했다. 직원들은 파산하기 전에 느꼈던 이와 같은 문제점을 개선하고자 철저하게 아오모리 현만의 재료는 무엇인지를 고민하기 시작하면서 아오모리에 한정된 제품들을 선보이기 시작했다. 그렇게 찾아낸 것이 아오모리의 향토요리인 센베이지루せんべい汁 였다. 센베이지루는 기근이 심했던 시절 아오모리 지역 주민들의 보존식품이었다. 아오모리 사람들은 집에서 또는 학교의 급식으로도 늘 먹어 와서 새로울 것이 없었

는데, 사토처럼 외지에서 온 사람들에게는 신선한 메뉴였다.

친숙함과 생소함의 차이를 발견하는 과정을 거치면서 아오모리야는 뷔페 요리 하나하나에 최대한 아오모리를 느낄 수 있는 향토 재료를 중심으로 30개 이상의 메뉴를 준비했다. 그리고 이러한 과정은 고객들이 즐길 수 있는 다양한 아이템을 만드는 것으로 이어졌다. 예를 들면, 아오모리를 대표하는 과일인 사과에 주목한 뒤, 사과나무를 직접 가져와서 나무에서 사과주스가 나오는 아이템을 만들기도 하고, 거대한 뽑기 아이템을 돌리면 사과가 동그란 플라스틱 안에서 나오는 재미있는 콘텐츠들을 만들어 냈다.

## | 아오모리야의 춤추는 보물

아오모리야의 컨셉인 '노레소레'가 서서히 자리 잡아 갈 즈음 사토 총지배인은 고객들을 감동시킬 컨셉을 찾았다. 그러던 사토의 눈에 들어온 것은 수익에 허덕이

는 극장형 레스토랑 '미치노쿠 마쓰리야 みちのく祭りや'였다. 미치노쿠 마쓰리야는 단체 숙박객을 대상으로 한 연회장이었는데 파산 이후 저가격대의 숙박 상품을 그만두면서 어떻게 수익을 창출할지 막막한 상태였다. 이때 아오모리의 민속축제의 하나로 '네부타 마쓰리 ねぶた祭'에 주목했다.[5] 아오모리 사람들은 평상시에는 내성적인데 마쓰리 まつり: 마을축제를 통해 자신들에게 내재되어 있는 끼를 발산하는 경향이 있다는 점에 주목한 사토는 네부타 마쓰리라는 콘텐츠를 미치노쿠 마쓰리야에 가져와 고객들과 같이 춤추고 즐길 수 있는 '체험형 레스토랑'을 구상했다. 지금까지 직원들의 아이디어를 바탕으로 새로운 컨셉을 만들어 왔던 사토가 이것만은 자신이 아이디어를 내고 고집했다. '노레소레 아오모리야'를 전체 컨셉으로 내건 이상 재생의 상징이라고 할 수 있는 콘텐츠 그리고 직원들을 결집시킬 수 있는 강력한 컨셉이 필요하다고 생각했기 때문이다.

그런데 미치노쿠 마쓰리야의 실내에서 네부타 마쓰

5  사토 다이스케(佐藤大介), 〈지역 외 투자로 인한 숙박사업 전개(地域外からの投資による宿泊事業の展開)〉《Japan Travel Bureau Foundation》 2018년 11월, pp.29-41.

리를 진행하기 위해서는 먼저 마쓰리의 상징인 거대한 장식을 가져올 필요가 있었다. 하지만 구입하는 것은 쉽지 않았다. 왜냐하면 네부타 마쓰리의 장식은 장인들이 매년 공들여 만든 1년의 결과물이어서 가격도 만만치 않았고 아오모리야도 재생을 막 시작한 단계여서 구입할 비용이 없었다. 그럼에도 불구하고 사토는 어떻게든 네부타 마쓰리를 실내에서 구현하기 위해 장식들을 가져오고 싶었다. 사토는 마쓰리를 준비하는 지자체와 장식을 만드는 장인들을 찾아가 도움을 요청했다. 그러자 지자체와 장인들은 어차피 네부타 마쓰리가 끝나면 그해의 작품은 부수어 버리니 그거라도 괜찮으면 공짜로 가져가도 좋다고 했다. 사토는 기뻐하며 그해 마쓰리의 장식들을 극장으로 가져왔다.

그런데 막상 장식은 가져왔는데 또 다른 문제가 남아 있었다. 그것은 누가 극장에서 네부타 마쓰리의 음악 연주와 춤을 출 것인가 하는 것이었다. 사토는 참여할 직원을 공모했다. 하지만 아무도 손을 들지 않았다. 사토는 자신이 직접 춤을 추고 악기를 연주하기로 결심하고 매일 밤 연습을 거듭했다. 그러면서 구경하러 온 직원이 있으면 이때다 싶어 같이 하자고 그들을 꼬드겼다. 그렇게 사토를 중심으로 시작한 네부타 마쓰리의 공연은 점점 모습을 갖추어 갔다. 이런 고생 끝에 완성된 춤, 연주를 보고 고객들은 공연의 피날레에 같이 춤을 추며 아오모리야의 매력을 만끽했다.

실제로, 필자도 아오모리야에 숙박한 첫날 밤, 미치노쿠 마쓰리야의 네부타 마쓰리 공연을 볼 수 있는 기회를 얻었다. 코로나라는 상황 때문에 마스크를 벗고 다 같이 뛰어다니며 춤을 출 수는 없었지만 제일 앞자리에 앉아 다섯 살 딸과 함께 공연을 보았다. 남자 둘 여자 둘, 네 명의 직원 중에 한 여자 직원이 사회를 보고, 다 같이 악기를 연주하고 춤을 추는 공연을 보는 동안 그들의 열정과 에너지에 압도되었다. 그리고 줄곧 '도대체 저들은 얼마나 연습을 한 것일까' 하는 생각이 들었다. 본업을 하면서 저런 경지의 공연을 해내는 직원들을 보고 있자니 감동이 전해져 급기야 눈시울이 붉어졌다. 나도 호텔에 근무할 때 직원들이 직접 출연하는 공연을 연출해 본 경험이 있었고, 업무와 공연 연습을 힘겹게 병행하는 과정을 본 적이 있기 때문에 무대에서 공연하는 그들의 모습이 남의 일 같지 않았다.

　네부타 마쓰리의 공연을 본 다음 날 총지배인인 오카모토 岡本 에게 도대체 직원들은 얼마나 연습을 하는지 물었다. 오카모토 지배인은 보통 3개월 정도 연습하고 손님 앞에 서서 공연하면서 실전과 연습을 병행하며 성장해 나간다고 답했다. 그러면서, "선생님이 따로 없기 때문에 자기들끼리 자신이 배운 것을 후배에게 가르쳐 주며 이어 오고 있다"고 했다. 이 방식은 사토 지배인이 시작한 2006년부터 변함없이 이어져 오고 있다.

　이어서 네부타 마쓰리를 공연하는 직원들은 발탁하는지 아니면 지원자를 받는지 묻자, 오카모토 지배인은 "이와 같은 공연은 강제로 시킨다고 해서 되는 것은 아니기 때문에 하고 싶은 사람들이 손을 들어서 하는데, 아오모리 출신의 직원들은 네부타 마쓰리를 어린 시절부터 접했던 이들이 많기 때문에 친근해서 참여하고자 하는 직원이 있다"고 했다.

　그렇게 공연의 여운을 간직한 채 잠을 이룬 다음 날 오전, 호텔을 체크아웃하기 위해 프론트 데스크에 가자, 지난밤 늦은 시간까지 네부타 마쓰리 공연에서 사회를

보고 춤을 추고 연주를 하던 직원이 체크아웃 업무를 담
당하고 있었다. 마치 무도회에서 춤을 춘 신데렐라가 다
시 일상으로 돌아온 것처럼…….

쓰러진 리조트를 춤추게 만들다, 아오모리야

# Chapter 5

# 구름을 파는 호텔, 리조나레 토마무

호시노 리조트가 못 살리는 리조트는 없다는 것을 증명한 리조트 재생의 결정판은 바로 거대한 규모를 자랑하는 홋카이도의 리조나레 토마무이다.
골프장을 동물들이 뛰어다니는 농장으로 바꾸고, 구름을 상품화한 아이디어로 대박을 터뜨린 흥미로운 스토리를 만나 보자.

## | 잘나가던 알파 리조트의 도산

일본에서 가장 기온이 낮고, 아름답고 부드러운 눈
으로 유명한 토마무 산에 둘러싸여 있는 시무캇푸무라 占
冠村. 1960년대만 해도 이 마을에는 약 4700명의 주민
이 낙농업을 주업으로 하며 살고 있었다. 하지만 마을의
젊은이들이 돈을 벌기 위해 도시로 떠나고 그로 인해 마
을의 인구는 급격히 감소해 1980년경에는 전체 주민이
1600명까지 줄어들었다. 인구 감소로 인해 지역사회 존
폐의 위기에 처하자 시무캇푸무라 지자체는 식육용 소

사육, 야채 원예작물 재배, 민물고기 양식 및 채소 가공 등 자신들이 가진 지식으로 할 수 있는 모든 사업을 추진 했지만 지역인구 유출은 멈추지 않았다. 그래서 그들은 마지막 카드로 알파 코퍼레이션과 파트너십을 맺고 리조트 개발을 추진했다. 그리고 1988년 12월에 스키장과 115개의 객실을 가진 호텔 알파 토마무 ホテルアルファトマム 를 오픈하는 데 성공했다.

알파 리조트는 오픈 해에 이용자 74만 명을 넘기면 서 순조로운 출발을 보였다. 다만, 겨울이 지나고 나서 여름이 오면 알파 리조트는 개업 휴업 상태에 빠졌는데, 여름 시즌에 고객을 끌어들이기 위해 골프장을 개발하 고 19면의 거대한 테니스장을 개설했다. 1980년대 중반 알파 리조트의 회원권 판매는 호조세를 보였고, 리조트 개발과 회원권 판매가 순조롭게 진행되자 그들은 회원 권 판매를 확대해 나갈 수 있는 전략에 집중했다. 알파 리조트는 금융기관으로부터 지원받은 자금을 바탕으로 리조트 사업을 추진한 지 불과 5년 만에 오픈 당시에 비 해 무려 10배가 넘는 객실 규모의 숙박시설을 완성했고, 이용객도 개업 당시의 3배 규모인 225만 명을 모으는

데 성공했다.

하지만, 성공 사례로 주목받던 알파 리조트에도 버블 붕괴와 함께 서서히 먹구름이 끼기 시작했다. 1990년대 들어 경기침체가 본격화되면서 재무성과 금융기관들이 경기침체와 재정악화를 이유로 리조트 개발을 추진한 부동산 개발업체에 지원을 단절하고 대출금의 회수에 나서면서 상황은 악화일로로 치달았다. 특히, 알파 리조트는 회원권 판매로 이익을 창출하는 수익모델에 집중했기 때문에 경기침체의 직격탄을 받았고, 결국 674억 엔의 부채를 안고 도산하고 말았다. 알파 코퍼레이션의 도산 후 홋카이도를 중심으로 리조트 운영사업을 전개하고 있던 가모리관광加森観光이 재생을 맡았지만, 결국 재생에 실패했고 파산을 신청하기에 이르렀다.[6] 바로 이때의 부실채권을 인수한 것이 골드만삭스였다. 골드만삭스는 호시노 리조트와 파트너십을 맺고 아오모리야의 성공을 바탕으로 전국에 도산한 료칸과 호텔의 재생사

---

6  모리무라 가즈오(森村和男), 〈'리조트 재생의 달인' 가모리관광 • 가모리공인 회장의 좌절~왜 카지노 유치에 승부를 베팅했는지?('リゾート再生請負人' 加森観光・加森公人会長の挫折~なぜカジノ誘致に勝負を賭けたのか?)〉 NET=IB News, 2020년 2월 11일.

호시노 리조트 스토리

업에 착수하고 있었고 토마무 역시 호시노 리조트와 같이 재생에 나서기로 했다.

이렇게 소유주와 운영회사가 바뀌는 중에도 알파 리조트에 근무하던 직원들은 그동안 리조트를 떠나지 않고 있었다. 왜냐하면 농업을 그만두고 리조트에 취직한 이들에게 리조트 외에는 다른 일자리가 더 이상 없었기 때문이다. 그렇게 불안함과 절실함을 안고 자리를 지키던 직원 앞에 티셔츠와 운동화 차림의 호시노 요시하루가 나타났다.


## ▌ 구름을 파는 직원들

토마무를 찾은 호시노는 직원들이 주역이고, 함께 추구할 것은 '리조트 운영의 달인이 되는 것'이라고 비전을 제시했다. 그리고 누구나 자유롭게 발언할 수 있다는 호시노의 말에 직원들은 귀를 의심했다. 그전에 항상 들어 왔던 비용절감, 상명하달, 절대복종의 문화와는 너무나 달랐기 때문이다. 하지만 막상 재생사업이 시작되자 알파 리조트의 직원들은 당황하기 시작했다. 예전에는 고객이 어떤 서비스를 요구하면 직원들은 회사에 손해가 나는지 아닌지를 기준으로 판단했는데 호시노 리조트는 180도 달랐기 때문이다.

구체적인 예를 들어 보자. 알파 리조트가 운영하고 있을 때에는 토마무의 스키 리조트에서 고객이 다치면 먼저 변호사를 통해 대응하도록 했다. 하지만 호시노 리조트는 직원이 다친 고객을 처음부터 끝까지 돌보면서 고객의 불안과 상처가 치유될 때까지 함께 있었다. 알파 리조트가 상사와 경영자의 안위를 중시하는 접객을 했다면, 호시노 리조트는 오직 고객만을 바로 보고 대응하고 있었다.

직원들이 당황했던 것은 이뿐만이 아니었다. 매일처럼 열리는 컨셉 만들기 회의나 사내 메일에서 호시노 리조트에서 온 직원들은 호시노의 눈치를 전혀 보지 않고 자신의 의견을 개진했기 때문이다. 알파 리조트 시절부터 일하던 직원들은 '사장에게 어떻게 저렇게 이야기할 수 있지?'라며 눈치를 보기에 바빴다. 이렇게 생소한 분위기 속에서 토마무의 기존 직원들은 각 유닛으로 나뉘어 고객만족도를 높이기 위한 논의를 계속해 나갔다.

논의를 진행하는 유닛 중에는 스키장의 리프트를 관리하는 팀도 있었다. 그런데 리프트 관리를 담당하는 직원들은 컨셉 및 매력 만들기 회의에 참석은 하고 있었지만 직접 고객 서비스를 담당한 경험이 없다 보니 자신들이 무엇을 새롭게 할 수 있을지 항상 막막해했다. 그러나 매일 입을 닫고 있을 수는 없었고 무언가 아이디어를 내야 하는 상황에 몰리자, 직원들이 고객만족을 위해 제시한 것은 리프트를 이용하는 고객들에게 웃는 얼굴로 인사를 하는 것이었다. 고객을 대응하는 프론트, 레스토랑과 같은 서비스 부문에서 보면 당연한 것이었지만, 리프트팀에게는 이조차도 나름대로 힘든 도전이었다.

그렇게 도전하기를 1년, 리프트팀 직원들 얼굴의 웃음도 자연스러워지기 시작했다. 그렇게 호시노 리조트의 문화에 조금씩 적응해 나갈 즘, 어느 날 회의에서는 스키를 타지 않는 여름 시즌에 고객이 찾도록 하는 방안에 대한 논의를 진행하고 있었다. 리프트팀은 회의 자리에 앉아는 있었지만 솔직히 당황스러웠다. 스키 시즌에만 활약하는 리프트팀에게 여름에 고객을 끌어들일 수 있는 아이디어를 내라고 하니 막막했던 것이다. 하지만 호시노 리조트에 근무하는 이상 매력 만들기에 참여하지 않는 것은 상상할 수도 없는 일이었기에 리프트팀은 매일 답이 없는 숙제를 안은 채 스키장의 정상 부근에서 리프트의 관리 작업을 하며 시간을 보냈다.

그렇게 모두 일을 하다 잠시 산 아래를 바라보았을 때 한 직원이 "오늘의 운해 雲海도 멋있네요"라고 말했다. 바로 그 순간 리프트팀을 이끌고 있던 이토 오사무 伊藤修[7]는 '운해를 고객들에게 보여 줄 수 있다면 기뻐하지 않을까' 하는 생각이 스쳤다. 그리고 그 운해를 보면서 커피 한잔을 할 수 있다면 얼마나 행복할까 하는 생각이 들었고, 직원들에게 이런 서비스를 하면 어떻겠냐고 제안했다.

하지만 리프트팀 멤버들의 의견은 둘로 나뉘었다. 이토의 의견에 반대하는 쪽은 운해를 고객들에게 보여 주어도 좋아하지 않을 것이라는 것, 그리고 운해는 이른 아침에 볼 수 있는데 멀리서 출근하는 직원의 경우 생

---

7  홋카이도석유신문(北海道石油新聞), 〈'관설 민영' 토마무에도 지역 안심 안전을 담보로('官設民営' トマムにも地域の安心安全を担保)〉 2017년 10월 30일.

활 패턴이 무너진다는 점 등이 이유였다. 하지만 운해를 고객들에게 보여 주고 싶다는 의견을 지지하는 직원들이 반대하던 직원들을 설득하기 시작했고, 결국 운해를 보여 주는 프로젝트인 '운해 테라스'가 본격적으로 가동되었다.

그런데 막상 아이디어를 구체화하려고 하자마자 난감한 문제에 직면했다. 그것은 7명의 리프트팀 어느 누구도 한 번도 커피를 내려 본 적도, 고객들에게 식음료를 제공하는 서비스를 경험한 적도 없었기 때문이다. 리프트팀은 결국 레스토랑에 근무하는 직원들에게 부탁해 쉬는 시간에 커피를 내리는 법, 식기세척기 사용법, 컵을 놓는 법을 하나하나 배워 나갔다.

그렇게 제로에서 시작한 리프트팀은 드디어 테스트 영업 첫날을 맞이했다. 이른 새벽 리프트팀은 평상시에 입고 있는 작업복 대신에 앞치마를 두르고 손수 만든 데크에 간이 테이블과 의자를 두고 산 정상에서 고객을 기다렸다. 두근두근거리며 올라오는 리프트를 기다리는 그들의 눈에 고객들이 하나둘 모습을 드러냈다. 그리고 운해를 감상하며 감탄하면서 커피를 즐기는 고객들을 보자 가슴이 뜨거워졌다. 그렇게 2개월간의 테스트 기간이 지나갔고 5천 명이 넘는 고객들이 운해를 보러 다녀갔다.

테스트 영업 기간을 끝낸 후 리프트팀은 고객의 목소리를 하나하나 분석했는데, 특히 그들이 주목한 의견은 "영업 시간을 앞당겨 주었으면 좋겠다", "데크 외에는 아무것도 없어서 스산하다", "커피를 가져오는 데 시간이 너무 걸린다" 등이었다. 리프트팀은 고객의 반응을 통해 운해를 바라보면서 보다 오랜 시간을 즐길 수 있는 공간이 만들어졌으면 좋겠다고 생각했고 이를 호시노에게 제안했다. 호시노는 원래 재생을 추진하는 초기 단계에서 설비투자를 하지 않는 것이 일반적이었지만, 운해 테라스의 아이디어에 대해서는 리프트팀의 제안을 받아들였다. 토마무를 대표하는 여름 시즌의 컨셉이 될 것 같은 예감이 들었기 때문이다.

그리고 막상 운해 테라스가 만들어지자 다양한 아이디어가 여러 유닛에서 쏟아져 나왔다.[8] 먼저 운해를 매일

---

8  나카자와 야스히코, 《호시노 리조트의 교과서: 서비스와 이익을 양립시키는 법칙》 닛케이BP, 2010.

은 볼 수 없기 때문에 운해를 볼 수 있는 정보를 제공하는 '운해 예보 서비스'를 제공하는 것이 좋겠다는 것부터, 운해를 보며 조식을 즐길 수 있는 조식 서비스, 운해를 보며 하는 요가, 운해의 메커니즘을 학습하는 '구름학교' 등 다양한 기획이 만들어졌다. 이렇게 운해의 가치를 극대화한 다양한 서비스를 제공한 노력 덕분에 여름영업을 시작한 2007년에는 1만 7천 명의 고객이 찾았고 그 후에도 운해 테라스를 찾는 사람 수는 매년 증가했다. 그리고 2021년 리뉴얼을 거쳐 지금은 '운해 소프트아이스크림'부터 '운해 테라스에서의 글램핑'까지 다양한 서비스가 진행 중이다.

우리 가족이 새벽 4시 반에 운해를 보기 위해 리프트를 타러 갔을 때, 눈을 의심할 정도로 이미 기다리는 사람들의 줄이 길게 늘어서 있었다. 아마 성수기의 스키장에도 이만큼 줄이 길지는 않을 것이라 생각하면서 40분을 기다려 다소 불만스럽게 리프트를 탔지만, 잠시 후 이른 아침 정상에 올라서 느껴 본 뿌듯함과 감동은 생각했던 것 이상이었다. 구름 위라는 공간을 느끼고 즐길 수있도록 구성해 놓은 여러 가지 재미있는 공간들을 경험하면서 비록 그날은 운해를 제대로 볼 수 없었음에도 불구하고 너무나 행복했다. 구름 위에 머무는 비일상적인 체험을 하면서 찍었던 작품 같은 사진들을 보며 '호시노 리조트 직원들은 구름까지 파는구나' 하고 감탄할 수밖에 없었다.

## | 고민과 도전의 자유로 이뤄 낸 콘텐츠 개발

호시노 리조트가 거대한 부채를 안고 파산한 토마무의 리조트를 재생할 수 있었던 가장 큰 요인은 무엇일까? 이는 크게 두 가지로 나눌 수 있다. 첫째, 파산한 알파 리조트가 회원권을 판매해서 수익을 창출하는 판촉 중심의 전략이었다면, 호시노 리조트는 토마무의 시설과 자연이 가진 매력을 고객이 만족하도록 만드는 콘텐츠에 초점을 맞추었기 때문이다. 보통 리조트 사업은 회원권을 팔아서 투자금을 회수하려는 전략을 세우는 것이 일반적이고 그것이 나쁘다고 말할 수는 없다. 하지만 회원권 판매에 기반을 둔 비즈니스 모델의 경우, 회원권이

팔리지 않으면 공들여 만든 리조트 시설은 무용지물이 되고 그곳에서 일하는 직원들은 그들의 존재의 의미를 발견하지 못하게 되는 안타까운 결과에 부딪히게 된다. 이런 점에서, 호시노 리조트가 추구한 지역의 매력, 일하는 직원들의 생각, 그리고 그곳을 찾을 고객들의 만족도를 중시한 콘텐츠에 기반을 둔 리조트 운영은 2005년 당시 일본의 리조트 사업들과는 다른 차별화 전략으로 새로운 리조트 운영의 트렌드를 만들어 냈다.

둘째, 그 지역 출신의 직원들이 일상적으로 느끼는 풍경을 비일상화 시점에서 재발견하도록 만들었다는 점이다. 흔히 그곳에서 살고 있는 사람은 지역의 매력을 발견하기 힘들다고 생각한다. 그래서 지역의 매력을 발견하고자 할 경우 지역의 가치를 외부의 시점으로 보려고 노력하는 경우가 많다. 하지만 토마무의 경우는 이러한 정설이 반드시 맞는 것은 아니라는 예를 보여 주었다. 지역 출신의 직원들이 자신들이 살고 있는 지역의 매력을 발견하기 힘든 것은 단순히 익숙해져 버렸기 때문이 아니라, 스스로가 지역의 매력에 대해 고민할 기회가 없었기 때문이라는 점을 알게 한다. 리프트팀이 토마무의 재생을 위한 아이디어를 고민할 때 운해의 매력을 비로소 발견할 수 있었던 것은 그들이 운해에 익숙해 있었기 때문이라기보다는 그들 스스로가 운해와 같은 지역의 매력 요소가 무엇인지를 고민할 기회가 없었기 때문이다. 이런 점에서 리프트팀이 운해의 매력에 눈뜬 것은 스스로의 일상을 고민한 과정의 결과물이라고 할 수 있다.

알파 리조트 시절 상명하달과 절대복종의 조직문화 속에서 시키는 일을 묵묵히 해온 직원들. 그리고 호시노 리조트가 운영을 맡으면서 스스로 고객의 웃는 얼굴을 보기 위해 기름때 묻은 장갑과 작업복을 벗고 커피를 내리고, 앞치마를 두르고 커피를 나르는 직원들. 이 직원들은 다른 사람이 아니라 같은 사람이었다. 그런데 어떻게 같은 사람이 이렇게 달라질 수 있었을까? 그것은 바로 호시노 리조트가 현장에서 일하는 직원들에게 고민과 도전의 자유를 보장했기 때문이다. 그리고 그러한 자유를 얻은 직원들은 리조트를 통해 자신들의 마을 시무캇푸무라를 살리는 주역으로 성장했다.

## | 버림의 경영을 통한 성공전략

호시노 리조트 리조나레 토마무에서 놓칠 수 없는 즐거움은 바로 골프장을 농장으로 변신시킨 광활한 공간에서 피크닉을 즐기는 것이다. 토마무의 와타나베 지배인에게 어떻게 골프장을 농장으로 바꿀 생각을 했는지 물었을 때, 그는 다음과 같이 답했다.

"홋카이도에는 좋은 골프장이 많이 있는데, 토마무의 골프장은 그렇게 인기가 있는 곳은 아니었습니다. 골프장은 알파 리조트가 여름에 수익을 낸다는 목적과 리조트라면 당연히 골프장은 있어야 한다는 구색 맞추기로 만들어 둔 것이어서 항상 적자였습니다. 때문에 어떻게 정리할지 계속 고민을 하고 있었던 차에 마침 태풍으로 골프장이 손상이 가서 많은 복구 비용이 들게 되자, 차라리 이를 기회로 다른 방면으로 활용하기로 결정했습니다. 그리고 지역의 농장을 만드는 기업과 협업해 동물과 어울리고 피크닉을 즐기는 공간으로 새롭게 만들어 내게 되었습니다."

우리 가족도 골프장 시절 운행했던 카트를 직접 운

전하면서 농장 속의 자연을 누비며 염소, 소, 말들과 교감하는 피크닉을 즐겼다. 눈이 없는 여름 토마무의 또 다른 매력에 빠지는 순간이었다.

하지만 지금은 이처럼 성공적인 변신이 당연한 것처럼 보여도 '리조트 = 골프장'이라는 고정관념에서 벗어나는 것은 쉽지 않은 선택이다. 보통 골프장을 만드는 것이 일반적이지, 만들어 둔 골프장을 버리고 농장으로 바꾸는 것은 드문 일이다. 이를 통해 잘 버리는 선택을 하는 것이 때로는 중요하다는 교훈을 얻게 된다.

호시노 리조트의 이 같은 '버림의 경영'은 골프장뿐만이 아니었다. 토마무가 자랑하는 파도치는 실내수영장 바로 옆에는 작은 실내풀장이 있는데, 이는 그냥 말 그대로 방치해 두고 있다. 하지만 이 풀장은 아무도 없기 때문에 오히려 사슴들의 휴식처가 되었고, 이 사슴들은 호텔 곳곳에서 자연스럽게 목격되어 고객들에게 즐거움을 선사한다. 뿐만이 아니라 안도 다다오 安藤忠雄 의 건축물인 '물의 교회'가 있는 건물도 1층만 레스토랑으로 활용하고 나머지 객실은 버려두고 있다. 하지만 이 공간 역시 교회로 가는 길목에서부터 고요함과 은은한 분위기

가 교회의 신비로움을 자아내는 데 중요한 역할을 하고
있다.

스키장 리프트 운행을 담당하던 시설팀 직원들의 고
민과 도전에서 나온 운해 테라스, 골프장을 버리고 지역
의 농장과 연계해 만들어 낸 체험형 농장과 같은 놀라운
시도는 호시노 리조트 리조나레 토마무의 성수기를 겨
울 한 철이 아닌 사계절로 확장시켰다. 이 모든 것은 어
마어마한 시설투자가 아닌 직원들이 스스로 찾아낸 콘
텐츠의 힘이었다.

# Chapter 6

# 이끼, 고드름, 버스로 만든 대박 상품,
# 오이라세 계류 호텔

음습한 지역의 반갑지 않은 생물로 치부되던 이끼를 테마로 한 호텔.
겨울에는 문을 닫을 수밖에 없었던 극한의 비수기를 극복해 낸 아이디어.
코로나로 운행을 중단한 도쿄의 관광버스를 가져와 모두가 상생한 이야기…….
이들 모두 디테일과 아이디어의 끝판왕인 직원들이 만들어 낸 전설 같은 이야기이다.

## | '이끼'를 관광상품으로 만든 최초의 도전

아오모리의 오이라세 계류 奥入瀬渓流 옆에 위치한 호시노 리조트 오이라세 계류 호텔 奥入瀬渓流ホテル 은 이끼의 매력을 전달하는 독특한 테마로 2024년 10주년을 맞이했다. 이끼의 매력을 경험하는 대표적인 오이라세 계류 호텔의 액티비티는 '이끼 산책'이었다. 이끼 산책은 돋보기를 들고 오이라세 협곡을 산책하며 약 2시간 동안 이끼를 관찰하는 것이다. 특히, 이끼 산책은 여성들과 아이들에게 인기가 높으며, 지난 10년 동안 이끼의 매력에

빠진 숙박객들 중에는 혼자 참가하는 경우도 많을 정도라고 한다.

그렇다면, 이끼 산책의 매력은 무엇일까? 이에 대해 이끼 산보를 제안한 인물인 니와 히로유키 丹羽裕之 이하 니와라고 칭함 는 "돋보기 너머로 펼쳐지는 미세한 이끼의 세계를 통해 '새로운 시각'을 발견할 수 있는 것이 매력적입니다"라고 말한다. 호시노 리조트에 '이끼'라는 테마를 상품으로 만든 니와는 현재 비영리단체인 '오이라세 자연관광자원 연구회 奥入瀬自然観光資源研究会 [9]의 이사장도 겸하고 있으며, 오이라세 계류의 총지배인을 거친, 그야말로 '이끼 박사'이다. 니와는 오이라세 계류의 자연과 이곳에서 서식하는 이끼의 신비로운 세계에 매료되어, 휴일에도 거의 매일 협곡을 산책했다고 한다. 그리고 스스로를 '이끼맨'이라고 칭하며, 이끼에 관한 손님의 질문에 답할 수 있도록 매일 공부를 게을리하지 않았다.

이끼의 매력이 손님에게 전해지고, 그로 인해 고객

---

9  니혼게이자이 신문(日本経済新聞), 〈오이라세의 이끼의 매력을 쫓는 NPO와 호시노 리조트의 협업 투어, 초보자도 자연을 만끽할 수 있다(奥入瀬のコケ 魅力知ろう NPO や星野リゾートがツアー  初心者, 自然を堪能)〉 2018년 8월 11일.

이끼, 고드름, 버스로 만든 대박 상품, 오이라세 계류 호텔

이 즐거워했을 때 가장 큰 기쁨을 느낀다고 이야기하는 그는 지난 10년을 오이라세의 협곡을 누벼 왔다고 한다. 이러한 노력 덕분에 지난 10년 동안 이끼를 테마로 한 액티비티로 산책뿐만 아니라 '이끼를 테마로 한 디너', '이끼를 테마로 한 구슬 아이템 만들기' 등 다양한 서비스들이 이어서 출시되었고 또 인기를 얻었다. 그리고 이끼의 세계를 만끽하고 싶은 사람을 위해, 이 모든 활동을 즐길 수 있는 '이끼 걸스 스테이'라는 숙박 플랜을 만들어 냈다. 이렇게 이끼와 같이 10주년을 맞이한 지금, 오이라세 계류 호텔에는 '이끼 아트전'이 열리고 있으며, '이끼로 장식된 버스'가 이끼 액티비티를 즐기는 이들을 위해 운행되고 있다.

이처럼 이끼로 호텔의 성공을 이끈 니와이지만, 니와가 처음부터 이끼를 좋아했던 것은 아니다. 2011년 3월의 동일본 대지진 후, 니와는 호시노 리조트 입사 전 수년 동안 네이처 가이드로 오이라세 계류의 관광 촉진을 위해 새로운 관광 자원을 찾고 있었다. 그때 우연히 눈에 들어온 것이 '이끼'였다. 그는 국립공원답게 숲이 울창한 오이라세 계류에서 숲을 형성하는 데 중요한 역할을 하는 것이 이끼라는 점을 알게 되었고, 이끼를 통해서 오이라세 계류의 자연이 지닌 매력을 더욱 전달할 수 있지 않을까 생각했다. 그 후 2013년에 호시노 리조트에 입사한 니와는 이끼를 활용한 액티비티를 구상하기 위해 지역의 네이처 가이드들과 협력하여 오이라세 계류의 이끼를 조사했다. 그 결과 이곳에는 315종의 이끼가 서식하고 있음을 알게 되었고, 관련된 조사와 액티비티 프로그램을 준비해 갔다. 그리고 본격적으로 이끼의 매력을 알려 나갔지만 처음에는 지역 사람들이나 미디어에서 반응을 보이지 않았다. 왜냐하면 이들에게 오이라세 계류의 이끼는 너무 일상적인 풍경 중의 하나였기 때문이다.

이러한 이끼에 대한 무관심은 호시노 대표도 마찬가지였다. 호시노는 당시의 인터뷰에서 다음과 같이 말하고 있다.

"니와로부터 처음 이끼를 테마로 한 액티비티의 제안을 받았을 때, 솔직히 이렇게 인기를 끌 것이라고는 생각하지 못했습니다. 오이라세 계류의 다이내믹한 협곡을 눈앞에 두고, 왜 굳이 돋보기를 들고 이끼를 관찰하는지, 저는 잘 이해되지 않았습니다. 어쩌면 저 역시 가루이자와에서 이끼를 보며 자랐기 때문에, 매력을 눈치채지 못했는지도 모릅니다. 하지만 니와와 현장 직원들은 매력 만들기 회의에서 '이끼'로 테마를 정하자, 계속 밀고 나갔습니다. 그리고 니와는 회의 때마다 이끼만 가지고 나왔습니다. '이끼 산책', '이끼 디너', '이끼 걸스 스테이' 등 계절마다 놀랍도록 새로운 이끼 액티비티를 제안해 왔습니다. 개인적으로는 이야기를 들으면서 이러다 '오이라세 계류 호텔'이 아니라 '오이라세 이끼 호텔'로 호텔 이름이 바뀔지도 모르겠다는 생각이 들 정도였습니다. 하지만 이끼를 테마로 한 액티비티는 큰 성공을 거두었습니다. 무관심했던 미디어도 앞다퉈 취재를 하러 왔으니까요. 하지만 뭐니 뭐니 해도 이 테마를 경험한 고객들이 기뻐한다는 점이 감동적이었습니다."

이렇게 호시노 리조트 내에서도 반신반의했던 이끼 테마는 언론의 주목과 고객들의 지속적인 사랑을 받으면서 큰 성공을 이루었다.

## │ 겨울에 고객이 오지 않는 곳, 오게 만들면 된다!

아오모리의 오이라세 계류에는 봄, 여름, 가을 아름다운 자연을 보기 위해 사람들이 모여든다. 특히, 이끼의 매력에 빠진 사람들에게 이곳의 자연이 주는 행복감은 말로 표현할 수 없다. 하지만 겨울은 사람의 모습이라고는 거의 찾아볼 수 없을 정도이고, 이곳 대부분의 숙박시설들은 문을 닫는다. 끊임없이 쌓이는 눈과 상상을 초월하는 규모의 고드름이 생길 정도로 추운 곳, 하지만 겨울 액티비티라고는 찾아볼 수 없는 이곳을 아무도 찾지 않기 때문이다. 실제로 오이라세 계류가 속한 지자체인 도와다시 十和田市 에 따르면,[10] 이 지역의 하계 영업기간은 숙박률이 80%를 넘지만, 겨울이 되면 10% 정도밖에 찾지 않는다고 한다. 그래서 이 지역의 숙박시설 22시설 중 80%는 휴업을 하고 있었고, 오이라세 계류 호텔도 겨울 동안은 휴업을 해온 시설 중 하나였다.

그러나 호시노 리조트의 미야코시 슌스케 宮越俊輔 지

---

10 구도 노리오(工藤憲雄), 〈아오모리·도와다(10) 오이라세 호텔 재생(青森•十和田(10) 奥入瀬のホテル再生)〉《니혼게이자이신문》 2014년 9월 20일.

이끼, 고드름, 버스로 만든 대박 상품, 오이라세 계류 호텔

배인과 도와다시의 공무원인 고이즈미 가즈야 小泉和也 는 지역 활성화를 위해서는 겨울 영업이 불가피하다고 생각했다. 두 사람은 머리를 맞대고 겨울에도 관광객을 모을 수 있는 아이템을 찾았다. 하지만 눈이 많다 해도 스키와 스노보드를 즐길 수는 없는 지리적 환경을 고려할 때 무엇으로 매력을 만들어야 할지, 두 사람은 쉽게 그 답을 찾을 수 없었다.

어느 날, 고이즈미는 '얼음폭탄 氷瀑 '으로 불리는 계곡의 폭포가 얼어붙어서 만들어진 고드름 절벽에 조명을 비추어 신비로운 광경을 연출한 나이트투어가 20년 전에 있었다는 사실을 찾아냈다. 그러나 인기를 얻었던 이 이벤트가 중지된 것은 밤에 조명을 연출하기 위해 사용하는 발전기가 배기가스를 내뿜어서 국립공원의 자연환경을 해친다는 이유 때문이라는 사실을 알고 실망했다. 그렇지만 두 사람은 포기하지 않고 이 이벤트를 친환경적인 형태로 다시 구현할 길이 있을지 모색했다. 그 결과 두 사람은 LED 투광기를 활용해 나이트투어를 추진하고 있는 야마가타현 사카타시 酒田市 의 사례를 찾아냈다. 두 사람은 사카타시가 파나소닉과 협력하여 겨울 폭포의 라이트업으로 인기를 얻고 있다는 사실을 확인하고 바로 파나소닉의 담당자를 찾아갔다.

하지만 파나소닉은 사카타시 사례의 경우 투광기를 고정시킨 채 조명을 연출했지만, 이들이 요구하는 것처럼 차로 이동하면서 투광기로 다양한 LED 색을 연출한 적은 없다며 난색을 표했다. 그러나 미야코시와 고이즈미는 포기하지 않았다. 두 사람은 호시노 리조트, 파나소닉, 그리고 도와다시가 힘을 합쳐 이동형 투광기의 개발 및 운용에 착수하자고 제안했다. 그리고 그렇게 추진된 결과물로 시행착오를 거치면서 탄생한 것이 오이라세 계류의 고드름을 찾아보는 나이트투어였다. 실제로 우리 가족은 겨울 나이트투어에 참여했을 때 자연이 만들어 낸 장관에 추위를 잊고 한참을 넋을 잃고 있었다. 그러면서 따뜻한 방에 있고 싶다는 욕구를 이겨 내고 이 투어에 참가한 나 자신을 칭찬했다.

호시노 리조트, 도와다시 그리고 파나소닉의 고드름 나이트투어를 위한 협력은 겨울 영업을 포기했던 호시노 리조트에게 새로운 겨울 영업의 가능성을, 도와다시에는 관광 수익을, 그리고 파나소닉에게는 새로운 조명

기술이라는 각자의 이득을 취할 수 있는 결과로 이어졌다. 이 투어를 기회로 오랜 기간 동안 포기했던 겨울 영업을 재개한 호시노 리조트는 이후 최고 수익을 갱신해 나갔다.

## | 쉬고 있는 버스를 활용한 상생의 아이디어

다양한 이끼 상품과 고드름 나이트투어의 인기에도 불구하고, 2020년 코로나가 확대되면서 상황은 급변했다. 오이라세 계류에 가장 관광객이 붐비는 봄, 여름조차도 찾는 사람들의 발걸음이 뚝 끊어진 것이다. 그리고 바로 그때 홋카이도 토마무의 지배인이었던 다카하시 레오高橋伶央 가 이곳의 지배인으로 발탁된다. 다카하시 레오 지배인은 비록 코로나 상황이지만 고객들을 다시 불러들일 방법이 없을까 고민에 빠졌다. 그러던 가운데 그는 텔레비전 뉴스 화면에 도쿄 시내를 안내하는 이층버스가 운행을 중지하고 주차장에 줄지어 서 있는 모습을 보게 되었다. 다카하시는 관광버스 업계가 처한 상황의 심각성에 깜짝 놀랐고, 어쩌면 이것이 가까운 미래의 호시노 리조트의 모습일지 모른다는 위기감에 빠졌다.

그도 그럴 것이 코로나 이후 관광버스 업계의 위기는 하루이틀의 문제가 아니었다. 테이코쿠 데이터 뱅크 帝国データバンク가 발표한 자료에 따르면, 2020년도 중에 발생한 관광버스 회사의 도산은 11건에 달했고, 휴·폐업은 24건에 이르렀다. 그렇다면 왜 관광버스 업계가 가장 먼저 타격을 입은 것일까? 그 이유는 코로나의 감염 확대로 인해 밀폐된 공간의 대표격으로 인지된 관광버스를 이용한 여행을 중지했기 때문이다. 그리고 이러한 상황은 도쿄뿐만이 아니라 도와다시의 관광버스 회사도 다를 바가 없었다.

다카하시 지배인은 이러한 상황을 보면서 직원들과 이야기를 나누던 가운데 도쿄에 있는 지붕이 없는 이층 관광버스라면 버스가 안고 있는 밀폐의 문제를 해결할 수 있지 않을까 하고 생각했다. 동시에 도와다의 관광버스 회사의 운전기사들도 지금은 쉬고 있으니 이들이 버스를 운전해서 오이라세 계류의 자연을 경험하는 상품을 만들 수 있으면 좋겠다는 결론에 도달했다. 그러나 막

이끼, 고드름, 버스로 만든 대박 상품, 오이라세 계류 호텔

상 도쿄의 이층버스를 이곳에 가져와 지역의 관광버스 운전기사들에게 맡기자는 아이디어를 구현하기에는 해결해야 될 과제가 있었다. 그것은 이층버스가 나뭇가지에 부딪히지 않고 잘 달릴 수 있을까 하는 점이었다. 하지만 버스를 가져와서 직원들이 시승을 해본 결과 나뭇가지를 아슬아슬하게 비켜 가는 것도 하나의 스릴을 느낄 수 있는 요소로 작용했으며 무엇보다도 자연의 공기를 느끼며 달리는 매력은 상상 이상이었다.

이로써 이층버스를 빌려준 도쿄의 히노마루 자동차 입장에서는 버스가 제 역할을 하면서 수익을 얻을 수 있어 다행이었고, 동시에 지역의 관광버스 회사의 운전기사들도 해고될지 모르는 위기 상황에서 벗어날 수 있어 안도의 한숨을 쉴 수 있었다.


## | Low Cost, High Creativity

오이라세 계류 호텔에서 즐길 수 있는 액티비티에는 공통점이 있다. 그것은 바로 큰 비용을 들이지 않고 전개할 수 있다는 부분이다. 예를 들면, 이끼의 경우는 호텔 주변에 자라고 있는 식물이고, 고드름은 추운 겨울에 저절로 생성되는 것들이며, 버스는 코로나로 인해 쉬고 있는 버스를 활용했다.

호시노 리조트 오이라세 계류의 직원들은 평범해 보이는 것들을 창의적인 아이디어로 풀어내고, 오타쿠처럼 한 가지를 깊이 파고들어, 정말 고객들이 좋은 의미로 '질릴' 정도로 매력적인 상품들을 제공하는 데 성공했다고 할 수 있다. 그리고 해마다 이러한 서비스를 반복하는 것이 아니라, 더욱더 발전시켜 나가고 있다.

도대체 어떻게 이러한 것들이 가능할까? 그것은 바로 직원들이 스스로 좋아하는 것, 관심을 가진 것을 끊임없이 추구하는 집념과 열정을 가지고 있고 이를 표출할 수 있는 환경이 형성되어 있기 때문이라는 생각이 든다.

이끼, 고드름, 버스로 만든 대박 상품, 오이라세 계류 호텔

**Chapter 7.**

일본 리조트의 국가대표 브랜드,
호시노야

료칸과 리조트를 차례로 부활시키는 것에 성공한 호시노 대표에게 드디어 기다리던 시간이 왔다.
호시노 온천료칸을 세계적 수준의 일본 료칸 브랜드로 만들겠다는 포부로 선보인 호시노야 브랜드의 첫 시설 '호시노야 가루이자와'가 완성되었기 때문이다.
이어서 글램핑을 컨셉으로 한 '호시노야 후지', 도심형 료칸 '호시노야 도쿄'에 이르기까지 료칸의 개념을 새롭게 정의해 나갔다.

## │ 비일상의 시작, 호시노야 가루이자와 星のや軽井沢

호시노야 가루이자와의 설계를 건축가 아즈마 리에 東理惠에게 부탁한 호시노는 컨셉을 '비일상적인 공간에서의 체험'으로 잡았다. 호시노는 편리함과 편안함을 추구하는 숙박시설을 만든다면 전 세계의 여느 도시에 있는 호텔과 다르지 않을 것으로 생각해, 호시노야 가루이자와 속에서만큼은 일상을 잊고 진정한 휴식을 취할 수 있는 공간을 창출하기 위해 비일상의 세계를 담아냈다. 그렇다면 호시노야 가루이자와는 비일상이라는 컨셉을 어떻게 구현했을까?

먼저, 호시노야 가루이자와의 입구 로비 공간의 밝기를 에도시대와 같은 느낌으로 구현해 냈다. 현재를 살아가는 사람들의 대부분은 밤에도 네온이 넘쳐나 불야성을 이루는 공간 속에서 생활한다. 이처럼 밝음에 익숙한 사람들에게 밝기의 차이를 제공함으로써 들어오는 순간부터 비일상적인 느낌을 체험할 수 있도록 한 것이다. 특히, 밝기를 조절함에 있어서도 단순히 어둡게 만든 것이 아니라 그림자, 음영의 영역 디자인에 공을 들여 빛과 그림자에 대한 미의식을 중요하게 생각한 에도시대의 미적 세계관을 되살려 냈다.

그런데 호시노가 호시노야 가루이자와의 비일상의 컨셉을 구현함에 있어서 가장 공을 들인 부분은 한 가지 더 있다. 그것은 바로 객실에 텔레비전을 설치하지 않고, 주차장을 객실에서 볼 수 없는 떨어진 곳에 두고 주차장에서 객실까지 전용차로 이동하게 만들었다는 점이다. 왜 호시노는 호텔 객실에서 텔레비전을 치우고, 주차장을 객실과 멀리 두는 불편함에 집착했을까? 그 이유는 텔레비전이 주는 일상의 연속성을 단절시키지 않고서는 고객들이

일본 리조트의 국가대표 브랜드, 호시노야

진정한 비일상의 느낌을 체험하기 어렵다고 판단했기 때문이다. 대부분의 사람들은 아침에 일어나면 리모콘을 들고 뉴스 프로그램을 켠다. 물론 이때 집중해서 보기보다는 그냥 습관처럼 텔레비전을 켜 두는 경우가 많다. 호시노는 바로 이러한 사람들의 일상적인 행동 중에서 하루의 첫 일과를 시작하는 중요한 매개체인 텔레비전을 없앰으로써 비일상적인 체험의 농도를 진하게 만들었다.

　　그렇다면, 주차장은 왜 멀리 둔 것일까? 그것은 주차장에서 고객들이 짐을 들고 내려서 호시노야의 전용차로 이동을 하는 과정을 통해 새로운 세계로 들어가고 있다는 것을 실감하도록 하기 위해서였다. 주차장이 보이는 것이 그렇게까지 일상에서 벗어나는 느낌을 방해할까 하는 의구심이 들 수도 있다. 하지만 주차장이 가까우면 필요한 것이 생각날 때 차로 금방 사러 가고 싶은 마음이 들고, 불필요한 외출이 자연스럽게 증가하게 된다. 그리고 차들이 보이는 순간 집, 직장 같은 일상이 연결고리처럼 무의식 중에 떠오르게 된다. 호시노는 이러한 연결고리를 끊어 버리는 것이 비일상의 컨셉을 구현하는 데 필요하다고 확신했고, 주차장을 보이지 않는 곳에 두고 전용차로 이동하는 시간을 확보해 냈다.

이렇게 비일상화의 컨셉을 구현해 냈지만 처음 오픈했을 당시는 어려움이 한두 가지가 아니었다. 아니, 엄밀히 말하면 막상 오픈하려고 했을 때부터 직원들은 난관에 봉착했다. 오픈 당시 총지배인을 맡았던 가미우타나이는 그때를 회상하며 다음과 같이 말했다.

"당시 가장 큰 숙제는 '가격'의 문제였습니다. 지금 호시노야 브랜드는 두 사람이 하룻밤을 묵으면 기본 12만 엔 정도라는 것이 당연하게 받아들여지고 있습니다만, 초기에는 아직 검증받지 않은 숙박시설을 1박에 '1인 7만 엔'으로 가격을 책정했을 때 찾아와 줄지 걱정이었습니다."

동시에 이러한 높은 가격대 료칸의 서비스를 경험해 본 적이 없는 직원들은 도대체 이 가격에 맞게 어떤 서비스를 제공해야 할지 고민에 빠졌다. 즉, 손님들과의 거리감을 어떻게 유지하며 서비스를 제공해야 하는지, 어떤 요리를 제공해 드려야 납득할지, 모든 것이 미지의 세계였기 때문이다. 게다가 객실까지 고객이 차로 이동할 경우 정확한 시간의 데이터화와 고객과 차 안에서 어떤 대화를 나눌지에 대한 부분 등, 모든 것이 확실하게 준비되지 않았기 때문에 오픈 전에 결정해야 할 부분이 한두 가지가 아니었다. 하지만 다행히 이러한 부분은 서비스를 해 나가면서 충분히 해결해 갈 수 있게 되었다.

그런데 오픈을 하고 나서 보니 직원들이 고객들로부터 가장 많은 클레임을 받은 부분이 바로 호시노가 비일상의 컨셉을 완성하기 위해 가장 중요시한 두 가지 요소, 즉 '객실에 텔레비전이 없는 것'과 '주차장이 멀리 떨어져 있다'는 것이었다. 호시노야 가루이자와가 오픈하자 매체 등을 통해 소식을 접한 부유층 고객들은 큰 기대를 안고 도착했다. 하지만 도착하자마자 불만을 쏟아 내기 시작했다. "주차장이 왜 떨어져 있냐?", "방에 텔레비전은 왜 없냐, 당장 가져와라"라는 클레임이 쉴 새 없이 쏟아졌다.

가미우타나이는 당시를 떠올리며 고객들로부터 불만이 나온 이 두 가지 요소는 호시노와 함께 컨셉을 만들었을 당시부터 충분히 예상했던 부분이라고 말했다. 왜냐하면 다른 숙박시설과는 전혀 다른 것을 하고자 자신들은 노력하고 있지만, 텔레비전이 없을 것이라고는 전혀 생각하지 못한 고객들이 불만을 토로하는 것은 당연했던 것이다. 당시, 가미우타나이는 고객들을 찾아가 호시노야 가루이자와의 컨셉은 비일상적인 공간과 시간을 제공하는 것이고, 그 컨셉에 맞추어 텔레비전을 두지 않는다는 설명을 입이 닳도록 하고 다녔다고 한다. 그렇게 설명을 해도 고객들 중에서는 텔레비전을 보고 안 보고는 고객이 정하는 거니까 당장 텔레비전을 가져오라고 호통을 치는 분들도 있었다. 하지만 가미우타나이를 비롯해 직원들은 텔레비전을 둘 수 없다고 사과하며 버텼다. 단순히 고객이 원한다고 해서 텔레비전을 제공하여 고객이 일단 텔레비전을 켜게 되면 일상으로 돌아가게 되어 자신들이 준비한 서비스의 의미가 사라진다고 생각했기 때문이다.

물론 직원들 중에서는 고객들의 노여움이 수그러들지 않아 힘들어하는 경우도 있었고, 속으로는 그냥 고객이 원하시니 텔레비전을 두는 것은 어떨까 하고 생각하는 찰나의 순간도 있었다고 한다. 하지만 호시노는 텔레비전을 보는 사람들이 모두 그렇듯 항상 보는 프로그램을 보게 되는데, 그러면 호시노야 가루이자와에 있어도 일상의 연속선상에 있게 된다고 생각했다. 그러면 고객들이 호시노야의 객실에 있지만 자신의 자택 거실에 있는 것과 다를 바가 없게 되는 것이라고 호시노는 직원들에게 설명해 나갔다. 이와 같은 설명을 들으며 직원들은 비일상의 컨셉을 지켜 내는 것의 중요성을 자각해 나갔고, 고객의 불만 속에서 컨셉을 지켜 갔다.

"당시에 호텔의 호스피탈리티 hospitality: 환대 의 정석이라고 하면 고객이 원하는 것을 가능한 한 충족시키는 것이었습니다. 호시노야가 기존의 방식을 따랐다면 주차장은 더 가까이에, 텔레비전을 큰 사이즈로 두고, 밤은 더 밝게 조명을 켜 두었을 것입니다. 하지만 그럴 경우 고객들이 편리하고 쾌적한 도쿄의 호텔을 두고 굳이 이곳을 올 이유가 있을까 하고 생각했습니다. 고객들이 묵고 떠날 때 어떤 기억도 추억도 가지지 못한 채 떠날 텐데 그런 여행의 서비스를 제공하고 싶지는 않았습니다. 그래서 고객이 원하는 것을 무조건 충족시키는 것이 아니라 고객이 새로운 가치와 만족을 느낄 수 있도록 제안하는 서비스가 진정한 오모테나시라고 생각해서 저희들이 정한 컨셉을 바꾸지 않았습니다."

물론 요즘은 작은 호텔이라고 하더라도 자신의 컨셉을 충실히 표현하기 위해 텔레비전을 비치하지 않는다거나 주차장에서부터 호텔 입구까지 독특한 체험을 제공하는 경우도 많지만, 호시노가 이런 것들을 시도했던 때는 지금으로부터 약 30년 전이었다는 것을 생각해 본다면, 고객들이 얼마나 황당해했을지, 직원들이 얼마나 힘들었을지 조금은 이해가 될 수 있을 것이다.

## | 일본 글램핑의 시작, 호시노야 후지 星のや富士

호시노 리조트의 비일상화에 초점을 맞춘 호시노야 브랜드의 컨셉은 가루이자와를 넘어 다른 시설로 이어졌다. 그 대표적인 것이 호시노야 후지이다. 후지산이 정면으로 바라보이는 대자연 속에서 글램핑을 즐기며 비일상적인 체험을 하는 것이 주요 컨셉이다. 호시노야 후지는 당시 글램핑의 불모지였던 일본에서 탄생한 본격적인 글램핑 시설로 주목을 받았다. 그리고 이곳 역시 비일상적인 컨셉을 구현하기 위해 가루이자와처럼 객실에는 텔레비전이 없고, 그리고 주차장을 산 아래에 두어 객실까지는 전용차로 이동하도록 했다.

그런데 특히 호시노야 후지에서 주목할 부분은 전용차이다. 당시 호시노야 후지의 오픈 프로젝트를 담당한 사와다는 자신의 뒤를 이어 지배인이 된 마쓰노와 함께 고객들이 주차장에 차를 주차하고 객실로 이동하는 가운데 한 번에 대자연 속 글램핑의 세계로 빠져들게 만들 매개체를 무엇으로 할지 고민했다. 고민 끝에 두 사람은 글램핑의 이미지를 가장 잘 나타내 주는 지프Jeep를 주차장에서 객실까지 이동하는 전용차로 제안했다. 처음 이 제안을 들은 호시노는 비싸고, 한 번에 많이 탈 수 없는 지프는 실용성이 떨어진다며 제안을 거절했다. 대신에 친환경적인 전기차로 하는 것이 어떨지 두 사람에게 역으로 제안했다. 사와다와 마쓰노는 호시노의 말을 듣고 전기차의 모델들을 모아서 검토했다. 하지만 두 사람은 호시노야 후지를 준비하면서 그린 대자연 속 비일상의 컨셉을 구현하는 데 지프 이외의 다른 차는 상상할 수 없었다. 그래서 다시 호시노를 찾아가 자신들이 조사한 결과를 바탕으로 왜 지프가 가장 이상적인지를 설득했다.

그러자 호시노도 둘의 의견을 받아들였다.

실제로 우리 가족도 여행지까지 타고 갔던 승용차에서 내려 빨간색 지프로 갈아타고 산을 오르는 순간부터 '이제 글램핑이 시작되는구나'라는 생각이 들었다. 그리고 그러한 기분의 전환은 같이 간 딸아이의 상기된 표정과 흥분된 목소리에서 충분히 느낄 수 있었다. 아마 전기 승용차라면 이러한 일상에서 대자연 속 비일상으로의 전환이 한순간에 이루어질 수는 없었을 것이다.

그리고 이어진 숲속에서 피자 만들기, 숲에서 필요한 아이템이 든 백팩을 메고 레인부츠를 신고 숲속을 탐험하기, 숲속 라운지에서 마시멜로 굽기 같은 체험들은 우리 가족이 글램핑의 매력에 빠지는 계기를 제공했다. 그리고 벌레를 무서워하고 잠자리에 예민한 우리 가족에게 호시노야 후지 글램핑의 꽃은 편안한 잠자리였다. 우리는 후지산을 마주한 객실의 넓은 '테라스 리빙'에서 풀벌레 소리를 들으며 밤늦도록 불을 피웠고, 캠핑용 버너와 코펠에 제공된 저녁을 즐겼다. 그리고 다음 날 아침 룸서비스 조식을 배달 온 직원은 그야말로 서프라이즈였는데, 그녀는 지게 같은 것을 메고 지팡이까지 짚고 문

앞에 해맑게 웃으며 서 있었다. 알고 보니 이 복장은 옛 날 후지산 등산객의 짐을 지고 나르던 '고리키 強力'라고 불리던 짐꾼들의 복장이었고, 그들이 사용하던 지게, 즉 '쇼이코 背負子'에 모닝박스를 넣어서 배달해 온 것이었 다. 생각해 보면 좁고 경사진 길에 딱 맞는 차림이기도 했다. 서비스를 제공하는 방식까지도 디테일하게 고민 하는 이들의 정성과 센스에 흐뭇해지는 순간이었다.

## ❙ 도쿄 빌딩숲 속의 료칸, 호시노야 도쿄 星のや東京

호시노야 도쿄는 일본 금융 비즈니스의 중심지인 오 테마치의 한복판에 위치해 있다. 사방은 높은 오피스 빌딩 에 둘러싸여 있으며, 바로 옆에는 리조트계의 최강자인 아 만 리조트의 아만 도쿄 アマン東京 가 있어 라이벌과의 경쟁 속에서, 그리고 빌딩 건물 안에서 비일상의 료칸 컨셉을 완결시켜야 하는 과제를 안고 있었다. 게다가 입지적인 특 성 때문에 이곳에는 외국인들이 많이 찾을 텐데, 일본인에 게도 이해시키는 데 시간이 걸렸던 비일상의 컨셉을 그들

에게 어떻게 전달시킬까 하는 것도 직면한 문제였다.

이를 위해 호시노 리조트가 접근한 방식은 '타워형 일본 료칸'이었다. 전통적인 료칸 스타일은 정원과 단층 구조의 목조건물로서 가로로 전개되는 형식이었지만, 타워형 료칸은 지하 2층 지상 17층이라는 세로의 공간에 료칸의 요소가 전개되었다. 기존의 료칸과도 다르며, 호텔과도 완전히 다르다. 형태도 서비스도 파격적이며, 혁명적이다.

그러나 이들이 제공하는 일본식 문화를 즐기는 고객들도 있는 반면에, 일본의 문화에 대한 거부반응을 보이는 고객들도 있다. 예를 들면, 현관에 들어서자마자 입구에서 신발을 벗고 다다미로 올라가는 공간이 숙박객을 맞이하는데, 외국인 고객들 중에는 신발 벗기를 거부하는 경우가 자주 발생한다. 이 경우에 집에서도 현관 입구에서 신발을 벗는 것이 일본의 문화라고 설명을 하는데, 이를 이해하는 사람들이 있는 반면에 납득하지 못하고 실랑이를 벌이는 경우도 다반사이다.

고객들에게서 나오는 또 다른 불만은 호시노야 도쿄에는 피트니스 클럽의 공간이 없다는 것이었다. 원래 료칸에는 운동할 시설이 없지만, 이 시설을 호텔로 생각한 고객들은 피트니스 짐을 요구한다고 한다. 이 부분에 대해 아카하네 赤羽 지배인은 "피트니스 짐이 없다고 불만을 표하시는 분들에게는 걸어서 10분 거리인 황궁 주변이 조깅 코스로 좋으니 조깅 맵을 드리면서 일본의 러너들과 같이 달려 보시기를 제안합니다. 동시에, 호시노야 도쿄의 액티비티 중에 빌딩의 옥상에서 도쿄 전체를 내려다보며 즐기는 천공 검술 연습 프로그램이 있으니 참여해 보시기를 권해 드립니다." 그러면서, "물론 모든 고객이 만족하지는 않지만 호시노야의 료칸으로서의 컨셉을 바꾸는 타협을 하지 않고 고객들이 납득하고 이해할 수 있는 대안을 제시하여 최대한 고객이 만족할 수 있도록 노력하는 것이 호시노야 브랜드의 컨셉을 유지하는 오모테나시입니다."라고 말했다.

## | 고객을 추종하지 않고 납득시키는 호시노야 브랜드

호시노야 가루이자와, 호시노야 후지, 그리고 호시노

야 도쿄로 이어지는 호시노야 브랜드의 컨셉을 구현하는 과정을 보면 솔직히 이들은 왜 그렇게 힘든 길을 선택할까 하는 생각이 든다. 고객이 원하는 것을 최대한 들어주면 불만도 적고 더 수월할 텐데 말이다. 하지만 이러한 수월함 때문에 쉬운 길을 찾기보다는 어려운 길을 선택하기 때문에 호시노야 브랜드가 지금의 지위에 오를 수 있었던 것은 아닐까?

실제로 텔레비전을 간절히 원하던 고객들도 막상 호시노야에 가면 바깥일을 잊고 휴식을 가진다. 처음 몇 시간은 못 참을 것 같은데 의외로 없는 것에 익숙해지면 더 편안해진다. 바로 이러한 편안함을 느끼게 될 것이라는 것을 호시노 대표와 직원들은 알기에 고객의 불만의 화살을 맞으며 묵묵히 원칙을 지켜 왔는지 모른다.

고객은 왕이고 고객을 만족시키는 것은 중요하다. 하지만 고객들은 반드시 요구에 따라 주는 것에 만족하는 행복감보다는, 오히려 기대치 않았던 의외의 것에서 새로운 행복감을 더 느낀다. 바로 이러한 예기치 않은 새로운 행복감을 만나도록 하는 것, 그것이 호시노야 브랜드 서비스의 본질이라고 할 수 있다.

# Chapter 8

# 착한 리조트 개발 이야기,
# 호시노야 다케토미지마

리조트 개발이라고 하면 자연의 파괴, 자본에 대한 욕망 같은 부정적인 이미지가 따라 다니기 마련이다. 하지만 호시노 리조트는 아름다운 섬마을의 풍경을 지켜 내는 착한 리조트 개발을 이루어 냈다.
오키나와의 외딴섬에서 펼쳐진 감동적인 스토리를 소개한다.

## | 섬을 사랑한 청년, 섬을 지키다

우에세토 다모쓰 上勢頭保 는 다케토미섬 竹富島 에서 태
어났다. 농업과 어업을 하며 하루하루 살아가던 우에세
토는 중학교를 졸업하고 섬을 떠나 오키나와 본토, 도쿄
를 거쳐 해외여행을 다녔다. 일본으로 돌아온 우에세토
는 오사카의 주유소 아르바이트, 시멘트 무역으로 모은
돈으로 스무 살의 나이에 트럭 7대를 구입해 운수업을
시작했다.

한편 우에세토가 떠난 후 가족들이 살던 다케토미섬

은 연일 조용할 날이 없었다. 제2차세계대전 후 미국령으로 편입되어 있던 오키나와가 일본으로 반환된다는 소식에 외지 사람들이 관광개발을 목적으로 다케토미섬의 토지를 헐값으로 사들이기 시작한 것이다. 우에세토의 아버지는 이러한 외지 사람들이 주도하는 관광개발이 자신들이 농사짓고, 어업을 하는 다케토미섬의 자연을 파괴할 것으로 생각하고 섬을 지키기 위해 '다케토미섬을 지키는 모임 竹富島を守る会'을 결성했다. 우에세토의 아버지는 아들이 외지에서 돈을 버는 가운데, 가난 속에서도 토지를 외지의 개발업체에 팔지 않고 지키는 운동을 전개했다.

그러던 어느 날 우에세토는 아버지로부터 전화를 받았다. "장남인 네가 돌아와 같이 다케토미섬을 지키는 데 힘을 보태 주었으면 한다"는 내용이었다. 우에세토는 아버지의 부탁을 받고 오사카의 모든 사업을 정리하고 가족을 데리고 다케토미섬으로 돌아가기로 결정했다. 돌아온 우에세토는 개인사업자로는 처음으로 다케토미섬과 이시가키섬 石垣島 을 잇는 선박 노선의 운항 자격을 취득하고 배를 운행하는 난세이 관광주식회사를 설립했다.

하지만 우에세토가 섬으로 돌아왔을 때 섬 토지의 3분의 1은 이미 소유권이 외지 사람들에게 넘어가 있었다. 우에세토는 아버지의 뜻을 이어받아 어떻게 해서든지 섬의 토지를 다시 사들이고 싶다며 금융기관을 찾아다니며 대출을 부탁했다. 하지만 어느 금융기관도 담보가치가 낮은 토지를 다시 사들이는 데 수억 엔의 자금을 융자해 주지는 않았다. 다행히 친하게 지내던 오키나와 리조트회사의 사장이 우에세토의 이야기를 듣고 우에세토의 목숨이 담보라는 농담 반 진담 반의 조건으로 대출해 주었고, 우에세토는 10년의 세월에 걸쳐 섬 사람들이 내어 놓은 토지를 전부 사들이는 데 성공했다. 그 후 1980년대 버블경기가 절정에 달해 다케토미섬을 찾는 관광객이 증가하자 우에세토는 회수한 토지의 일부를 담보로 리조트회사 사장에게 대출금을 변제했다.

그렇게 토지를 회복해 다케토미섬을 지키는 모임을 운영하는 가운데 360명 정도의 섬 주민들과 같이 우에세토는 섬을 지키기 위한 '다케토미 헌장'을 발표했다. 헌장의 기본 이념은 섬의 토지를 함부로 팔지 않고, 더럽히지 않고, 파괴하지 않고 그리고 문화, 관습, 자연을 지

키면서 섬을 발전시킨다는 것이었다. 그리고 이 헌장에 기초해서 우에세토와 지역주민들은 '다케토미섬을 발전시키기 위한 모임 竹富島を活かす会'을 조직했다. 그렇게 우에세토는 이 조직을 바탕으로 360명의 지역주민들이 일치단결해서 외부의 수많은 관광개발의 유혹에도 토지를 팔지 않고 섬의 자연을 지켜 나갔다.

하지만 2008년 리먼 쇼크가 발생하고 섬 주민들이 민박업, 자전거 대여업 등 섬을 찾는 관광객에게 장사를 하기 위해 대출을 받았던 은행이 경영난에 빠지면서 근저당권을 설정해 두었던 섬 주민들의 토지를 헤지펀드에 팔았다. 그러자 펀드는 토지를 리조트 개발 회사에 전매했고, 본격적으로 다케토미섬에 대한 개발에 착수했다. 우에세토와 섬 주민들이 개발계획의 진행상황을 알아본 결과 그것은 다케토미 헌장과는 정반대 되는 자연을 훼손하는 것을 전제로 한 계획이라는 것을 알게 되었다. 그러자 우에세토와 섬 주민들은 헌장에 위반되는 개발공사에 반대하는 활동을 전개해 나갔다.

그렇게 개발계획에 저항하면서 매일처럼 '공민관 公民館'으로 불리는 주민자치시설에 모여 이야기를 나누던 주민들은, 관광개발을 막기만 하는 것이 능사가 아니라 우리의 뜻에 맞는 리조트 회사를 데려와서 그쪽의 자본의 힘을 빌려 주민들의 주도로 헌장에 기초한 개발을 할 수 있도록 하면 어떨까 하는 방향으로 의견을 모았다. 섬주민들은 관광객이 늘어나는데 자신들의 생활은 전혀 나아지지 않는 것에 대한 불만이 쌓였고, 이를 타파하기 위해서는 자신들이 리조트 개발을 해서 제대로 수익을 확보하는 것이 낫다고 보았다. 다케토미섬의 주민들은 민박, 레스토랑, 자전거 대여 등으로 관광객에게 서비스를 제공하고 있었는데, 중개업체가 수익을 대부분 가져갔기 때문에 독자적으로 고객을 모을 수 있도록 다케토미섬의 관광 시스템을 바꿀 필요가 있었던 것이다.

　지역주민들이 주도한 리조트 개발의 길을 모색하고 있었을 때 우에세토는 상공회의소 대표로 출석한 환경부의 회의에서 우연히 호시노 대표의 옆자리에 앉게 되었다. 우에세토는 당시 호시노 리조트의 직원이 이웃 섬인 이리오모테섬 西表島 에 들어와서 지질조사를 진행하고 있다는 사실을 알고 있었다. 언론에 자주 등장하는 호시노 대표에 관심이 있었던 우에세토는 호시노 대표가

"지역경관과 전통문화를 소중히 여기는 개발 없이 관광의 국제화를 이룰 수 없다"는 지론을 전개하면서 열띤 토론을 하는 것을 보고 이 사람이라면 같이 섬을 지키면서 섬을 발전시킬 수 있을지 모른다고 생각했다. 그리고 호시노 대표에게 다케토미섬의 상황을 이야기하고, 만남을 거듭하면서 두 사람은 섬을 파괴하는 관광개발 업체로부터 토지를 사들여 주민들이 납득할 수 있는 리조트 개발의 길을 같이 모색하기로 합의했다.[11]


## 섬 주민들의 '이해 First, 개발 Second'

이후 호시노 리조트의 직원인 기소 시게마사 木曽滋雅 는 혼자서 다케토미섬에서 살기 시작했다. 기소는 토지 측량을 하는 것을 목적으로 왔지만, 마을에서 생활하면서 점점 주민의 일원으로 인정을 받게 되었다. 성실하고 착한 성품을 가진 기소는 마을의 마쓰리를 돕고 마을 모

---

11 우에세토 다모쓰(上勢頭保), 〈"다케토미섬을 보물섬으로" 선두에 서서 관광의 섬으로 키운다("竹富島を宝の島に" 先頭に立って観光の島へ育てる)〉 《SHOKOKAI》 2016년 8월, pp.34-36.

임에도 열심히 참석해 주민들은 그를 마을의 일원으로 자연스럽게 받아들였다. 일이 없을 때는 마을 어른들과 낚시도 하고 저녁은 이 집 저 집에서 혼자 사는 기소를 불러 주어서 기소에게는 마을 전체가 고향집과 같은 느낌으로 다가왔다고 한다. 이렇게 측량이라는 일을 떠나서 주민들과 좋은 관계를 맺어 가는 가운데, 우에세토와 호시노 대표는 다케토미 헌장을 지키면서 지역경제를 발전시킬 수 있는 리조트 개발을 위한 논의를 구체화해 나갔다.

우에세토는 먼저 호시노 리조트와의 협력에 대한 주민들의 동의를 얻기 위해 주민설명회를 공민관에서 열었다. 처음에 설명회가 열렸을 때 주민들로부터 반대 의견이 쏟아져 나왔다. "호시노 리조트가 오면 민박집들은 모두 문을 닫게 되지 않을까?", "자연경관은 파괴되지 않는가?" 등의 불안에 가득 찬 반대의 목소리가 나왔다. 이러한 주민들의 의심과 걱정을 불식시키고자 우에세토와 호시노 대표는 2년 동안 설명회를 수십 번 열면서 다음과 같은 계획을 주민들에게 설명했다. 계획을 간단히 요약하면, 우에세토와 호시노 리조트가 먼저 '주식회사

다케토미 토지 보유기구'를 설립한 후, 호시노 리조트가 자기 자본으로 펀드로부터 토지를 다시 사들인다. 그 후 호시노 리조트가 토지를 빌려서 다케토미섬 민가와 같은 디자인의 빨간 기와지붕 집 50채를 건설해 운영하고, 수익 중의 일부를 '다케토미 토지 보유기구'에게 변제한다는 것이 주요 내용이었다.

하지만 아무리 계획과 취지가 좋다고 하더라도 여전히 섬 주민들은 걱정이 많았다고 한다. 그러다 보니 주민들이 최대한 납득할 수 있도록 설명을 하는 과정은 시간이 필요했고, 결국 2년의 시간이 걸렸다. 그리고 드디어 다케토미섬 공민관의 정례 총회에서 찬성 159명, 반대 19명의 찬성 다수에 의해 건설이 승인되었다. 기존 대부분의 리조트 개발이 주민의 반대를 무릅쓰고 일단 토지를 확보하면 선 공사 후 절충의 원칙으로 진행하는 것에 반해, 호시노 리조트는 개발사업을 전개하는 과정에서 이익의 상당 부분을 보유기구를 통해 주민들에게 환원하고 설계 및 공사 과정에 있어서 하나하나 주민들에게 설명하고 동의를 구하면서 진행해 나갔다. 당시를 회상하며 우에세토는 "섬 사람들도 섬이 발전되기 위해서는 관광산업 말고는 길이 없다는 것을 알지만, 자신들이 이용만 당하고 버려지는 것은 아닐까 하는 걱정이 있었다"고 말했다. 그러면서 "호시노 리조트는 기소를 시작으로 주민들과의 관계를 통해 리조트 개발을 추진해 나간 것이 다른 리조트 개발과 차별화되는 부분이었다"라고 우에세토는 생전의 인터뷰[12]에서 밝혔다.

주민 다수의 찬성에 근거해 호시노 리조트는 주민에게 설명했던 대로 개발을 진행해 나갔고 그 준비 과정은 사와다가 맡았다. 당시 세 살 아이와 배 속에 아이가 있는 아내와 함께 다케토미섬에 리조트 오픈을 위해 온 사와다는 지역주민과의 관계를 만드는 부분이 쉽지 않았다고 한다. 리조트 프로젝트를 진행하기 위해서는 주민들의 협력이 불가피했기 때문에, 가장 우선시되는 부분이 주민들의 불만을 최소화하는 것이었다. 다행히 섬에 집을 구할 수 있었지만, 생활하는 가운데 섬 사람들은 거의 1년 동안 사와다를 관찰했다. 그렇게 시간이 지났을 무렵 주민들은 사와다에게 마쓰리에 와서 일을 돕는 것

---

12 우에세토 다모쓰, 〈"다케토미섬을 보물섬으로" 선두에 서서 관광의 섬으로 키운다〉《SHOKOKAI》 2016년 8월, pp.34-36.

을 허락했고, 사와다는 처음으로 아이들과 함께 마을의 마쓰리에 참가했다. 1년이 넘는 시간이 걸려 다케토미섬 주민들이 사와다를 받아들인 순간이었다. 그렇게 사와다는 중장년들의 지휘 아래에 마쓰리에 참가하며 섬 주민으로 녹아들어 갔다. 우에세토는 그 과정을 지켜보며 마치 자신의 젊은 시절을 보는 것 같았다고 한다.

주민들과의 관계가 깊어지면서 본격적으로 건설이 시작되고 개업을 준비할 즈음, 또 다른 시련이 다가왔다. 그것은 바로 자연이었다. 다케토미섬은 외딴섬이다 보니 모든 물류가 원활하게 공급되는 것이 힘든 상황이었다. 태풍이 불면 물류가 배달되지 않았다. 또 다른 문제는 호텔 운영에 필요한 관련 회사들이 섬 내에 전혀 없다는 점이었다. 예를 들면 리넨 회사라든지, 쓰레기를 처리해 주는 회사라든지 하는 것이 보통의 관광지라면 네트워크가 형성되어 있는데 다케토미섬은 섬의 현장을 지키다 보니 이런 네트워크가 전무했다. 게다가 다케토미 현장을 지켜 호텔에서 나오는 쓰레기는 섬 밖으로 가지고 나가야 하는 등 처음부터 모든 것을 새로 시스템을 만들어야 했다. 그리고 와이파이를 연결하는 통신망도 전

신주를 세울 수 없어서 모두 땅 아래로 설치해야 했다.

주민들이 납득할 수 있는 방법으로 새로운 리조트를 만들어 가는 과정에서 주민들과 '다케토미섬 경관 형성 매뉴얼'을 만들어 이에 따라 충실히 진행한 끝에 호시노야 다케토미지마는 무사히 오픈에 이르렀다. 처음에 걱정이 많았던 주민들은 정식 오픈 전에 리조트를 돌아보면서 이제야 우리 섬의 매력을 제대로 느낄 수 있는 공간이 생겼다며 만족스러운 표정을 지었다고 한다. 특히 민박업을 하며 자신들의 생계를 위협받을까 걱정했던 주민들은 호시노야 다케토미지마의 가격대를 보고 안도의 한숨을 쉬었다. 왜냐하면 호시노야 다케토미지마는 체재형의 리조트로 숙박요금은 1박에 1인 5만 엔 정도이기 때문에 민박에 비해 10배 가까이 비싸서 고객층이 전혀 달랐기 때문이다. 오히려 호시노야 다케토미지마의 숙박객들이 섬의 맛집을 찾아다니면 자신들의 가게를 이용할 수 있다는 점에서 지역주민들은 새로운 수익이 생길 것에 기대를 품었다.

주민의 이해와 기대를 바탕으로 만들어진 호시노야 다케토미지마에 기소와 사와다를 중심으로 한 개업 준비 멤버 이외에 80여 명의 직원들이 본격적인 운영을 위해 도착했다. 그런데 막상 영업을 시작하기 위해서는 가장 중요한 과제를 해결해야 했다. 그것은 다케토미섬의 어떤 매력을 숙박객들에게 제공할 것인가 하는 것이었다. 직원들은 섬을 걸어다니면서 매력적인 요소를 찾아나섰다. 그렇게 지나가다 섬 주민들에게 인사를 하는데 섬 주민들은 왠지 서먹서먹했다. 주민들은 개업 준비로 온 직원들에게는 마음을 열었지만 아직 새로운 직원들에게까지 마음을 연 것은 아니었기 때문이다. 새로운 직원들은 섬 주민들의 마음의 문이 열리기를 기다리면서, 섬의 매력을 찾기 위해 동분서주했다.

어느 날 직원들은 섬에서는 다양한 마쓰리가 개최되는데 항상 이를 준비하는 데 필요한 젊은이들이 부족하다는 사실을 발견했다. 그들은 마을 청년회에 자신들이 마쓰리를 돕고 싶다고 얘기했다. 주민들은 호시노 리조트의 직원들에게 간단한 잡일부터 맡겼고 직원들은 열심히 땀을 흘리며 준비했다. 그 과정에서 직원들은 다케토미섬 마쓰리 중에 중요무형문화재로 지정되어 있는 '타나두이 種子取祭', 즉 씨를 뿌려 무사히 수확을 기원하는 것에 주목했다. 타나두이는 600년의 역사를 가지고 있고 섬의 가장 큰 마쓰리인데 70개의 다양한 형태의 춤과 연극 등을 선보였다. 그리고 이 마쓰리의 가장 큰 특징은 섬에 있는 문화의 다양한 요소들을 체험할 수 있다는 것이었다. 호시노 리조트의 직원들은 바로 이러한 문화적 요소들을 다양하게 체험할 수 있는 기회를 숙박객들에게 제공하고 싶다고 주민들과 상의했고, 이를 호시노야 다케토미지마의 액티비티에 담았다.

그리고 이러한 체험들은 호시노 리조트의 직원들이 섬의 문화를 이해하고 지속적으로 소통하면서 섬의 발전과 숙박객들의 만족을 동시에 이루도록 하는 것이 자신들의 사명이라는 생각을 가지고 일할 수 있는 요인으로 작용했다. 실제로 취재 당시 호시노야 다케토미지마 지배인이었지만 오픈 당시에는 유닛 디렉터로 일했던 혼다 지배인은 다음과 같이 말한다.

"여기는 도민이 360명 계시는데 섬과 하나가 되어 운영을 한다고 보시면 됩니다. 즉, 다른 시설의 경우는 어떤 액티비티를 하면 저희들이 '이걸 하자'라고 정하면 되는데, 여기는 저희들이 생각을 하고 공민관에 가서 섬 주민들과 의견을 나누고 합의를 이루고 진행을 합니다. 그리고 그렇게 주민들과 모든 걸 상의를 해서 진행하기 때문에 모든 체험에 대해 저희와 주민들이 같이 공을 들이게 되고, 이러한 열정이 담겨 있는 체험 서비스가 제공되다 보니 고객분들이 더 만족하시는 것 같습니다."

## | 사랑받는 호시노 리조트 직원들

이렇게 주민들과의 의논을 통해 만들어진 액티비티는 호시노야 다케토미지마를 찾는 고객들에게 섬의 다양한 민예품, 춤, 노래 등을 통해 섬 주민들과 교류하면서 머무는 추억을 만들어 주었고 높은 만족도를 얻어 냈다. 그리고 당일로 왔다가 떠나는 관광객 외에 숙박객들이 늘어나면서 섬 주민들의 수익도 향상되었다.

주민들이 항상 안심할 수 있도록 호시노 리조트는 연 2회 호시노야 다케토미지마의 수익 상황을 주민들에게 보고하고 그때마다 '다케토미 토지 보유기구'에 어느 정도 수익이 보전되고 있는지를 설명하는 기회를 가지고 있다. 동시에 직원들은 주민들을 호시노야 다케토미지마에 초대해서 자신들의 서비스 내용과 계획 등을 설명하는 활동을 해 나가고 있다. 그야말로 호시노야 다케토미지마의 운영은 주민들과 보조를 맞추어서 진행하고 있다고 할 수 있다.

호시노야 다케토미지마는 이러한 지역주민과의 깊은 협력 관계를 바탕으로 오픈 이래 지속적으로 수익을 향상시켜 나가고 있다. 우리는 하룻밤을 묵고 떠나기 전에 혼다 지배인에게 물었다.

"주민분들과 보다 좋은 관계를 만들고 이해를 얻기 위해 지배인님을 비롯해 직원분들이 모두 섬을 이해하기 위해 끊임없이 노력하고 계시는데, 무엇이 그렇게 노력하도록 만들까요?"

혼다 지배인은 대답했다.

"저희들이 노력한다기보다 주민분들의 저희들에 대한 애정이 그렇게 만드는 것 같습니다. 예를 들면, 저희는 호시노야 다케토미지마의 전직, 현직 모든 직원들의 사진을 매년 인사를 겸해서 전 주민들에게 나누어 드리는데, 주민분들은 집에 그 사진을 항상 붙여 두고 저희들

의 이름 모두를 기억하고 있습니다. 그리고 아흔이 다 되어 가는 할머니는 그 사진을 보고 지나가는 저희에게 이름을 불러 오니기리 おにぎり: 일본의 주먹밥 라도 건네주십니다. 이렇게 가족처럼 대해 주는 분들이 있는데 어떻게 저희가 저희 일에 소홀해질 수 있겠습니까?"

들으면 들을수록 마음 따뜻해지는 주민들과 리조트 직원들의 스토리였다.

**Chapter 9.**

# 오모레인저와 함께 동네 한 바퀴, 오모5 도쿄 오쓰카

비즈니스가 아닌 여행이 목적이지만 가성비 때문에 비즈니스 호텔을 이용하는 사람들이 많다.

호시노 리조트는 이런 관광객을 타깃으로 'OMO'를 론칭했다. 관광객들이 비즈니스 호텔을 선택할 수밖에 없었던 장점을 취하면서 맛집이나 주요 스폿을 찾아 헤매는 고객들을 위해 출동하는 '오모레인저' 같은 서비스를 더해 도심 관광호텔이라는 새로운 장르를 개척하고 있다.

## | 추락한 이미지의 오쓰카를 살려라

도쿄를 상징하는 전철 노선인 야마노테선과 지금도 옛 정취를 풍기며 전차가 달리고 있는 도덴아라카와선이 교차하는 오쓰카역 大塚駅. 이곳은 오랜 세월 일본의 서민들이 옹기종기 모여 사는 인정 넘치는 동네였다. 그런데 버블 붕괴 이후 성매매 업소들이 북쪽 출구 근처에 자리 잡으면서 오쓰카의 이미지는 추락했다. 비록 오랜 세월을 지켜 온 정이 넘치는 서민적인 가게들이 남쪽 출구 쪽에 자리를 지키고 있기는 하지만 한번 추락한 이미지는 쉽사리 쇄신되지 않았다. 그리고 그 결과 오쓰카를 주거지로 여기는 사람은 드물었고 동시에 치안에 대한 불안감이 증폭되면서 사람들도 하나둘 떠나기 시작했다. 이러한 오쓰카의 부정적인 이미지가 지역의 발전을 방해하는 요소로 여겨지면서 지자체를 중심으로 오쓰카를 다시 살릴 방안이 없을까 하는 방안이 논의되기 시작했다. 하지만 작은 규모의 땅을 소유하고 있는 땅 주인들이 많다 보니 재개발은 난항을 거듭했고 결국 방치된 채 오랜 시간이 지났다.

그러던 가운데, 2017년경 오쓰카역 앞에 대규모의 땅을 소유하고 있던 지역의 토박이이자 유지인 야마구치 부동산山口不動産[13]에 30대 중반의 무토 고지武藤浩司[14]가 신임 사장으로 취임하면서 오쓰카에 새로운 변화가 일어나기 시작했다. 무토는 원래 공인회계사로 일을 하고 있었지만, 오랜 세월 야마구치 부동산의 경영을 맡아

---

13 후카쓰 히비키(深津響), 〈오쓰카의 자부심을 되찾고 싶다 - 지역 부동산 회사의 재개발, 무토 고지 씨(大塚の誇り, 取り戻したい　地元不動産会社が再開発　武藤浩司さん)〉《산케이신문(産経新聞)》 2022년 8월 29일.

14 무토 고지(武藤浩司), 〈호시노 리조트 진출 등으로 주목받는 오쓰카. 재개발을 추진하는 지역 부동산 회사에 묻다(星野リゾート進出などで注目される大塚. 再開発を仕掛ける地元不動産会社に聞く)〉《THE 21 Online》 2020년 1월 15일.

왔던 외할머니의 간곡한 부탁으로 사장으로 취임하게
되었다. 무토는 사장으로 취임하자마자 재무상황을 비
롯해 야마구치 부동산이 처한 상황을 냉철히 조사해서
분석했다. 그리고 야마구치 부동산뿐만 아니라 오쓰카
지역의 상가들이 살아남기 위해서는 지역의 변화와 발
전 없이는 불가능하다는 사실을 깨달았다.

무토는 오쓰카의 재개발을 위한 힌트를 얻기 위해
도쿄도 내에 개발 관련 프로젝트를 담당하고 있던 일본
을 대표하는 건설사 중의 하나인 다케나카 공무점 竹中工
務店 을 찾아갔다. 이곳에서 최근 2020년 도쿄올림픽으
로 인바운드 수요가 증가할 것을 예상해 여기저기서 호
텔을 건설하고 있는데, 야마구치 부동산이 이름 있는 호
텔을 유치하면 오쓰카의 이미지도 나아질 것이라는 조
언을 얻을 수 있었다. 물론 2017년 당시로는 후에 코로
나로 인해 도쿄올림픽의 인바운드 관광객이 오지 않을
것은 전혀 몰랐던 상황이었다.

무토는 이 말을 듣고 오쓰카에 최고급 호텔을 유치
할 수 있다면 타락한 동네의 이미지를 일신할 수 있을 것
으로 판단했다. 고급 호텔을 유치하기로 마음먹은 무토

는 자신의 부동산에 입주하고 있는 젊은 점주들을 모아 오쓰카의 매력을 살릴 수 있는 가게 만들기 프로젝트를 진행할 것을 제안했다. 다행히 오쓰카에서 오랜 기간 장사를 하는 사람들의 설득은 어렵지 않았다. 하지만 단순히 변화에 동참하도록 설득하는 것과 실제로 변화를 부르는 것은 전혀 다른 차원의 일이었다. 때문에 무토는 상권 재생 전문가인 시모토노 와타루下遠野亘와 함께 가게들을 바꾸기 위해 동분서주하기 시작했다.

그 과정에서 무토는 지역 상권을 세련된 컨셉으로 바꾸는 것도 중요하지만 결국 상권이 살아나기 위해서는 오쓰카를 찾는 관광객을 확보하는 것이 필요하다고 생각했다. 때문에 초기에 계획했던 대로 오쓰카역 앞에 호텔을 유치하기 위해 움직였다. 그때 마침 그는 호시노 리조트가 도시관광호텔 사업을 새로 시작하려고 한다는 정보를 입수했다. 무토는 호시노 리조트를 찾아가 도시관광호텔 브랜드의 숙박시설을 오쓰카에 만들 것을 제안했고, 호시노 리조트와 무토의 야마구치 부동산은 오랜 기간 임대료, 운영비 등을 비롯한 여러 가지 조건을 두고 협상을 시작했다. 오랜 교섭 과정을 거쳐 호시노와 무토는 지역을 살리면서 새로운 도시관광호텔의 가능성을 오쓰카에서 실현시켜 보자는 데 상호 의견을 일치시켰고 본격적으로 프로젝트를 진행하기에 이르렀다.

무토는 당시를 회상하며, 호시노 리조트를 처음 찾아갔을 때는 호시노야와 같은 고급 브랜드를 도입해 지역의 이미지를 바꾸고 싶다고 생각했지만, 협상을 진행하면서 호시노 리조트가 제안한 도시관광호텔이 오쓰카라는 지역의 미래 모습에 적합할 것으로 판단했다고 한다. 무토는 호시노 리조트를 유치하기로 결정된 후 오쓰카의 관할 행정기관인 도시마구의 구청장을 찾아가 협조를 구했고, 구청장은 상상할 수도 없었던 일에 기뻐하며 적극적인 지원을 약속했다.

## | 오모레인저의 탄생

그렇다면, 호시노 리조트는 왜 도쿄에서도 부정적인 이미지가 강한 오쓰카를 도시관광호텔 사업을 추진하는 장소로 선택했을까? 이 부분을 설명하기 위해서는 고급

료칸 중심으로 브랜드를 전개하던 호시노 리조트가 왜 도시관광호텔에 주목했는지부터 확인해 볼 필요가 있다.

호시노 리조트가 나가노현의 유서 깊은 온천지인 아사마 온천 浅間温泉에서 경영난에 빠진 료칸 재생 프로젝트 '호시노 리조트 카이 마쓰모토'를 진행하고 있을 때의 일이다. 원래 아사마 온천은 나가노현을 대표하는 온천지로 고도경제성장 이후부터는 단체 관광객들이 몰려들면서 인기가 절정에 달했다. 하지만 2000년대 들어 여행의 형태가 변화함에 따라 단체 관광객이 줄어들기 시작했고, 게다가 온천 시설마저 노후화되자 아사마 온천은 급격한 쇠퇴의 길을 걷게 되었다. 바로 이 시기에 료칸 재생 프로젝트를 시작한 호시노 리조트는 먼저 왜 아사마 온천을 찾는 관광객 수가 줄었는지 그 본질적인 원인을 자체적으로 파악하기 위한 조사 작업에 착수했다. 조사를 진행하면서 호시노 리조트는 아사마 온천을 찾는 사람들의 수가 급격히 줄어들었다기보다는 숙박시설을 이용하는 사람들이 줄었다는 사실을 발견했다. 즉, 대부분의 관광객이 마쓰모토 시내에 숙박하고 아사마 온천은 단순히 목욕을 하기 위해 이용하다 보니 료칸의 수익이 하락하고 자연스럽게 료칸은 쇠퇴하게 된 것이다.

이 사실을 바탕으로 호시노 리조트는 그렇다면 왜 숙박객들이 모처럼 온천지까지 와서 여유롭게 목욕을 하고 하룻밤을 자면 될 텐데 굳이 번화한 마쓰모토 시내에서 잠을 자는지 그 이유를 알 필요가 있다고 판단하고, 도심지의 비즈니스 호텔의 숙박 상황에 대한 조사를 실시했다. 조사 결과는 의외였다. 일본을 대표하는 비즈니스 호텔인 아파호텔APA Hotel 혹은 도요코인 Toyoko Inn 과 같은 도심의 비즈니스 호텔에 머무는 숙박객들 중에 약 60%가 비즈니스 목적이 아니라 관광 목적으로 비즈니스 호텔에 숙박한다는 사실이었다. 그리고 관광 목적임에도 불구하고 왜 이들이 비즈니스 호텔에 머무는지에 대한 이유를 심도 있게 분석해 보니, 그 이유는 저렴한 가격도 있지만 도심 관광을 즐기는 데 위치가 편리하기 때문이라는 것이었다. 즉, 모처럼 귀중한 시간을 내어 여행을 하는데, 조금이라도 그 지역을 많이 관광하려다 보니 위치가 좋은 비즈니스 호텔에 숙박할 수밖에 없다는 고객들의 속내를 파악할 수 있었다.

호시노 리조트의 직원들은 이와 같은 결과를 바탕으

로 관광 목적으로 비즈니스 호텔에 숙박하는 응답자들에게 비즈니스 호텔에 숙박하면서 불편을 느끼는 점은 없는지 물었다. 이에 대해 응답자들은 호텔의 설비와 요금에는 불만이 없지만, 비즈니스 호텔 특유의 무미건조한 객실 분위기 때문에 여행의 설렘을 잃어버리게 되는 부분은 아쉽다고 말했다. 조사 결과를 바탕으로 호시노 리조트의 직원들은 이러한 고객들의 아쉬움을 해소해 줄 호텔, 즉 도심에 묵으면서도 여행의 설렘을 계속 느낄 수 있게 만들 수 있는 도시관광호텔이 있다면 고객들이 얼마나 행복해할까 하고 생각했다.

방향이 정해지자 늘 그래 왔듯이 호시노 리조트는 '어떤 형태의 도시관광호텔을 만들면 숙박객들이 설렘과 즐거움을 가지고 도시를 관광할 수 있을지'에 관한 본격적인 논의에 착수했다. 회의를 거듭한 끝에 호시노 리조트의 직원들은 도시 여행의 질을 향상시키기 위해서는 숙박공간의 서비스만으로는 부족하다고 생각해, 다른 브랜드 컨셉이 필요하다는 결론에 이르렀다. 그리고 단순히 도시 관광을 위한 숙박공간을 제공하는 호텔이 아니라, 여행 체험과 같은 콘텐츠를 제공하는 도시관광호텔 브랜드를 추진하기로 결정했다. 그리고 때마침 야마구치 부동산의 무토 씨로부터 오쓰카에 숙박시설을 오픈하는 제안이 들어왔고 오쓰카에서의 프로젝트가 본격적으로 진행되기 시작했다.

호시노 리조트는 먼저 사내에서 오쓰카의 개발팀에 참가할 멤버를 공모했다. 그러자 셋째 아이를 출산하고 다시 복귀한 이소카와 료코磯川涼子가 제일 먼저 손을 들었다. 이소카와는 호시노 리조트가 가루이자와에서 호시노 온천료칸과 브레스톤 코트를 운영하던 소규모 리조트 회사였던 시절 우연히 도쿄에서 열린 기업설명회에서 호시노 대표의 프레젠테이션을 듣고 입사했다고 한다. 당시 호시노 대표는 프레젠테이션에서 '리조트 운영의 달인' 그리고 '에콜로지ecology: 친환경적인 문화' 같은 다른 기업들에게서는 들어 보지 못한 비전을 제시했고 대학 졸업반이었던 이소카와는 이에 흥미를 느꼈다. 입사 후 가루이자와에서 브라이들 부문을 중심으로 홍보 마케팅을 담당했고, 지금의 호시노 리조트 최강의 홍보 및 마케팅팀을 만들어 낸 주역 중의 한 명이다. 이소카와는 남편의 적극적인 지원에 힘입어 셋째 아이 출산 후 의욕을 불태우고 있었고 그때 오쓰카의 도시관광호텔 개발에 참가할 공모가 나왔던 것이다. 이소카와에게 출산 후 복귀한 다음에 왜 오쓰카의 도시관광호텔 개발 프로젝트에 손을 들었는지 그 이유를 묻자 다음과 같이 답했다.

"오쓰카는 지명도도 동네의 특징도 없는 곳으로 잘 알고 있었습니다. 하지만 그렇기 때문에 오히려 찬스가 있다고 생각했습니다. 동네의 숨은 매력을 발굴하기 위해 파고들면 반드시 흥이 넘치는 가게들, 이벤트, 그리고 모임이 있을 것이 분명하고 이것을 관광객에게 제안하면 그것이 호텔의 강점으로 작용할 것을 확신했습니다."

그렇게 이소카와와 비슷한 이유로 사내에서 5명이 오쓰카의 도시관광개발 프로젝트에 손을 들었다. 이소카와를 합쳐 6명이 팀을 이루어 이들은 매일 오쓰카의 매력을 찾기 위해 본격적으로 동네를 탐험하기 시작했다. 6명은 먼저 각자가 스스로 동네 지도를 만들었다. 물론 기존에도 오쓰카를 안내하는 지도는 많았지만 6명의 개발팀은 동네를 돌아다니면서 친구가 자기 동네에 놀러 왔을 때 안내해 주는 컨셉을 바탕으로 동네를 탐험했다. 그러면서 안내에 재미를 더하기 위해 도시관광호텔 브랜드의 명칭인 오모 OMO 에 어린이 만화에 나오는 히어로의 대명사인 레인저 Rangers 를 더해, 6명의 '오모레인저'로 스스로를 칭하고 친구에게 안내하고 싶은 곳을 본격적으로 찾아 나섰다.

실제로 6명은 두 달 동안 오쓰카 지역의 100곳이 넘는 음식점과 가게를 찾아다녔다. 이들 중의 한 명으로 인사부에서 일하다 프로젝트에 자원한 노베 요헤이 野部洋平 는 당시를 회상하며 다음과 같이 말한다.

"오쓰카의 가게를 찾기 위해 거의 모든 가게를 다니면서 점점 주인들과 친해졌고 그들의 개인적인 고민까지 나누는 관계가 되었습니다. 그리고 팀을 이끌던 이소카와를 비롯해 마음에 드는 곳은 함께 가서 주인과 같이 이야기하며 시간을 보냈고 이렇게 친해지자 가게 주인들이 자신이 아는 가게를 소개해 주었습니다. 그렇게 시간을 들여 가게 주인분들과 친해지면서 하나하나 늘려 간 동네의 음식점, 상점들은 오쓰카 도시관광호텔의 중요한 여행 컨셉을 구현하는 콘텐츠로 자리 잡았습니다."

## | 토박이들만 아는 지역 점포 찾기

이렇게 개업 준비를 하면서 호시노 리조트는 도시관 광호텔의 브랜드 명칭을 'OMO'로 정하고, 오쓰카에 오픈하는 호텔의 이름을 'OMO5'로 명명했다. 'OMO'라는 브랜드의 뜻은 '오모테나시 おもてなし: 정성 어린 접객', '오모이데 思い出: 추억', '오모시로이 面白い: 재미'의 세 가지 의미를 포괄하고 있다. 그리고 친구처럼 오쓰카의 동네를 안내하는 직원들을 '오모레인저'로 부르기로 했다. 오모레인저로 지역을 안내하는 직원들은 각각 안내하는 가게들의 컨셉에 맞추어 레드, 블루, 옐로 등의 색깔별로 구분해서 옷을 갖추어 입고 개개인이 선택한 가게를 안내한다. 즉, 숙박객들이 가고 싶은 테마를 정하면, 그 테마를 기획한 직원들이 원색의 옷을 차려입고 자신들이 발굴한 가게들을 안내하는 것이다. 예를 들면, 더운 여름의 오모레인저가 안내하는 플랜 중의 하나는 오쓰카의 야구배팅센터에서 홈런을 치기 위해 방망이를 휘둘러 보고, 동네 목욕탕에서 피로를 풀고, 상점가에서 빙수와 생맥주를 마시고, 그 후에 오랜 역사를 자랑하는 노포 이

발소의 마스터로부터 두피 마사지를 받으며 피로를 푸는 것이다. 그리고 밤에는 오쓰카의 오랜 이자카야와 스낵바 등을 돌면서 주인 아주머니의 유쾌한 수다와 마스터가 만드는 요리와 술로 오쓰카의 밤을 즐긴다. 이런 동네 곳곳의 딥한 체험을 통해 숙박객들은 자신도 모르는 사이에 오쓰카의 토박이가 된 기분으로 웃고 마시며 시간을 보내는 것이다.

흔히 호텔이라면 뷔페와 온천을 떠올리기 쉬운데 OMO5는 지역 전체를 하나의 레스토랑으로 보고 숙박객들이 자유롭게 오쓰카의 거리를 돌아다니며 그야말로 '동네 한 바퀴 뷔페'를 즐길 수 있도록 만들었다. 보통 호텔 안에 레스토랑을 두고 그곳에서 식사를 하도록 유도하는 게 수익을 늘릴 수 있다고 생각하기 쉽다. 하지만 호시노 리조트의 도시관광호텔이라는 컨셉은 호텔 안으로 각 지역의 메뉴를 모으는 것이 아니라, 숙박객을 호텔 밖으로 유도해서 동네를 돌아다니며 가게 주인들과의 대화와 정성 들인 요리를 맛보며 재미있는 시간을 보내면서 추억을 쌓도록 만드는 것이었다.

여기서 한 가지 더, 호시노 리조트 OMO 브랜드를

오모레인저와 함께 동네 한 바퀴, 오모5 도쿄 오쓰카

파악함에 있어서 주목할 부분이 있다. 그것은 숙박객들이 여행의 기분이 업되도록 하기 위해 궁리한 부분인데, 바로 호텔 객실의 디자인이다. OMO5의 객실 특징을 간략히 설명하면, 기본적인 이미지는 따듯하고 아늑한 공간을 연출하고 있다. 3명 정원의 아구라룸은 2층에 침실이 있고 1층에는 소파가 있는 형태이다. 일반적인 비즈니스 호텔이 싱글과 트윈이라는 획일적인 형태인 것에 비해, OMO5의 아구라룸은 3~4명의 가족이 한 객실에 묵을 수 있는 방의 형태로 만들어 도시 관광에 최적화된 객실을 연출해 냈다. 이러한 객실은 3~4명의 숙박객들로부터 절대적인 지지를 받고 있다. 그리고 이를 대변이나 하듯, OMO 브랜드는 지금 홋카이도에서 교토와 오사카 그리고 오키나와로 급격히 확대되고 있으며, 코로나 이후 OMO 브랜드의 인기는 급상승 추세에 있다.

그 이유 중 하나로 호시노 대표가 오랫동안 주장해 온 '마이크로 투어리즘micro-tourism'의 전초기지로서의 역할을 OMO가 담당하고 있기 때문이라는 점을 들 수 있다. 호시노는 2010년 이후부터 친밀한 지역의 매력을 다시 파헤쳐 즐기는 마이크로 투어리즘의 가능성에 주목해 왔다. 호시노는 멀리 있는 리조트지로 가는 여행이 아닌 근처 지역의 매력을 발견하고 즐기는 마이크로 투어리즘을 강조해 왔는데, 이러한 여행 형태는 젊은 세대가 여행의 재미를 발견하고, 고령자들이 이동의 부담 없이 여행을 즐길 수 있는 선택지로 여겨지고 있다.

그리고 관광을 하지만 할 수 없이 비즈니스 호텔에 묵었던 고객들에게 OMO는 즐거운 선택지를 제공했다. 게다가 이곳에는 현지에 사는 친구 같은 든든한 여행 조력자인 오모레인저도 있지 않은가?

오모레인저와 함께 동네 한 바퀴, 오모5 도쿄 오쓰카

**Chapter 10.**

# 악명 높은 우범지대의 변신, 오모7 오사카

호시노 리조트는 매번 어려운 시도를 성공적으로 이끌어 왔지만, 이번만큼 시도부터 쇼
킹했던 적은 없었던 것 같다.
이들이 진출한 곳은 바로 일본에서 최악의 빈민가, 노숙자들의 수도, 일용직의 인력시장,
우범지역 등 수식하는 단어들이 모두 범상치 않은 곳인 오사카의 니시나리 아이린 지구
였기 때문이다.
모두가 기피했던 지저분하고 어두운 이곳에 오픈한 OMO7 오사카는 과연 어떤 모습일까?

## │ 왜 하필 모두가 기피하는 이곳에?

일용직 노동자들의 성지였던 니시나리西成 아이린あいりん 지구는 이른 아침부터 하루 일자리를 찾아 노동자들이 모여들었던 곳이다. 음습한 기운이 감도는 이곳에는 술에 취한 사람들이 남긴 토사물과 노폐물들이 거리 곳곳에 산재해 있어 악취가 진동했다. 하지만 니시나리 아이린 지구는 단순히 지저분하다는 말로 정의하기에는 복잡한 부분이 있다. 이곳은 빈부격차의 갈등이 표출된 사회적 갈등의 상징적 공간이기도 했기 때문이다. 실제

로 이곳에서 일용직 노동자들이 일으킨 수차례의 폭동은 버블경기 이후에 노동운동이 자취를 감춘 일본 사회에서 이례적인 일로 꼽힌다.

이처럼 사연도 많고 탈도 많던 니시나리 아이린 지구이지만, 2000년 이후 이 지역을 둘러싼 환경이 조금씩 바뀌기 시작했다. 노동현장의 기계화가 급속히 진행되면서 일용직 노동자들이 일자리를 찾기 쉽지 않게 되었고, 그로 인해 이곳을 찾는 노동자들의 수가 조금씩 줄어들기 시작했다. 그런 가운데 2012년 보수개혁파 시장으로 인기를 누리던 변호사 출신의 하시모토橋下 시장은 이 지역의 부정적인 이미지를 탈바꿈하기 위해 '니시나리 특구 구상'[15]을 내어 놓았다.

일부 언론과 오사카 주민들은 노동자들과 노숙자의 거리인 니시나리 아이린 지구를 바꾸는 것은 불가능하다며 회의적인 반응을 보였다. 하지만 이곳에서 간이 숙박업소를 운영하던 주인들은 이 구상에 적극적으로 찬성했다. 그 이유는 바로 노동자들을 대신해 외국

---

15 아사히신문(朝日新聞), 〈'편애'로 시작된 특구 구상 10년, 니시나리는 어떻게 변했나?('えこひいき'で始まった特区構想から10年 西成はどう変わった？)〉 2023년 10월 21일.

악명 높은 우범지대의 변신, 오모7 오사카

인 배낭여행자들이 값싼 숙소를 찾아 이곳에 하나둘 몰려들고 있었기 때문이다. 실제로 오사카 관광국에 따르면 2011년 이후 오사카를 찾는 외국인 관광객은 매년 전년도보다 2배 이상 늘어났으며, 호텔의 객실 가동률도 상승해 평균 85%로 전국 톱을 기록했다고 한다. 저렴한 숙박시설을 찾아 니시나리 아이린 지구를 찾은 배낭여행객들은 주변의 신세카이 新世界를 중심으로 한 옛 유흥가의 분위기가 남아 있는 곳에서 새로운 매력을 발견했다.

호시노 리조트 역시 니시나리 아이린 지구가 가진 동네의 잠재력에 주목했고, 한때는 화장품 공장이었지만 지난 30년간 거의 방치된 채로 있었던 역 앞 토지의 공개 입찰에 손을 들었다. 공개 입찰이었지만 그 어느 기업도 참여하지 않았기 때문에 호시노 리조트가 제시한 가격 18억 엔에 낙찰되었다. 그리고 호시노 리조트는 본격적으로 이 지역을 도시관광 브랜드로 탈바꿈하는 OMO 브랜드화에 착수했다.

## | OM07 오사카의 새로운 시도

신이마미야역에서 내려서 북쪽을 쳐다보면 14층의 하얀 건물이 한눈에 들어온다. 이 건물은 하얀 막을 덧댄 것 같은 외관 디자인이 특이한데, 이는 환경에 대한 부담을 줄이고자 하는 의도 때문이다. '불소수지 산화티타늄 광촉매'라는 소재로 만들어진 이 하얀색 막은 창문에 들어오는 일사량을 30~45% 경감시킴으로써 오후 3시 체크인 시간대의 냉방 효율을 극대화할 수 있다고 한다.

이 건물 앞으로는 거대한 녹색 정원이 펼쳐져 있는데, 전체 부지의 절반을 차지하는 약 1.4헥타르의 공간을 모두 언덕 모양의 정원으로 꾸며 놓았다. '미야 그린'이라고 불리는 이 넓은 잔디밭 정원은 산책을 즐기는 어른에게도, 아무 이유 없이 그저 뛰기를 좋아하는 아이들에게도 적당하다. 게다가 언덕 위의 야외 벤치에 앉으면 같은 눈높이에서 전철역 플랫폼을 볼 수 있는데, 한적하고 여유로운 곳에서 바쁜 일상을 마주보고 있노라면 묘한 만족감을 느낄 수 있다.

그리고 이 정원은 밤이 되면 또 다른 모습으로 변신

악명 높은 우범지대의 변신, 오모7 오사카

한다. 호텔의 하얀 외관은 거대한 스크린이 되어 LED 불꽃놀이가 펼쳐진다. '조칭 提灯'으로 불리는 전통 조명을 들고, 무료로 제공되는 다코야키를 먹으며 불꽃놀이를 즐기면 마치 마쓰리의 중심에 들어와 있다는 착각이 든다.

OMO7 오사카의 객실은 가족들이 같이 숙박하기에 적합하다. 특히, 우리 가족이 머물렀던 '이도바타 스위트'로 불리는 객실은 싱글베드 4개가 각각 프라이빗하게 위치해 있고, 방의 중앙에 초대형 테이블이 놓여 있어 여러 용도로 활용하기에 유용했다. 벽면에는 JR 신이마미야역이 지나는 오사카 환상선의 노선도와 주변의 관광명소를 소개하는 지도가 있는데, 숙박객들은 이 테이블에 모여 대형 지도를 바라보면서 어디로 갈지 계획을 짤 수 있다. 우리 딸 역시 이 지도를 보는 것을 즐겼다. 아이는 지도에서 호텔부터 10분 거리의 동물원을 발견해 냈고, 그 덕에 우리는 일정에 없던 기린, 사자, 플라밍고 등 다양한 동물들과 함께하는 여유로운 시간을 즐길 수 있었다.

# | 딥한 동네 신세카이와 이곳을 누비는 오모레인저

　도시관광호텔을 지향하는 OMO 브랜드의 가장 큰 특징은 '오모레인저'로 불리는 직원들의 안내를 받아서 동네를 탐방하는 투어이다. 이른 아침 우리 팀의 투어를 안내해 주기 위해 나타난 사람은 호시노 리조트의 직원 중에서도 오사카의 상징으로 불리는 야소다 八十田 였다. 호시노 리조트 입사 20년 차인 야소다는 오사카 출신으로, OMO7 오사카의 개업을 준비하는 과정에서 100곳 이상의 가게를 체험했는데, 그중에서 오사카스럽고, 스토리가 있으며, 프랜차이즈가 아니며, 그리고 무엇보다 가이드북에 소개되지 않은 가게를 발굴해 냈다. 야소다와 총지배인 나카무라 中村 는 직접 발로 뛰어 찾은 가게의 사장님들과 교섭을 통해 오모레인저 투어를 위한 상품을 만들어 냈다. 그리고 그중의 하나가 오사카 육수를 내는 데 필요한 가다랑어포의 재료를 판매하는 가게를 찾아가는 투어였다.

　야소다는 호텔을 출발해 노동자들의 간이 숙박시설 사이를 걸어서 기즈시장 木津市場 으로 우리 일행을 데리고 갔다. 기즈시장은 오사카를 대표하는 재래시장의 하나로, 여러 매력적인 가게가 많지만 특히 육수와 관련된 노포들이 밀집해 있어 유명하다고 한다. 한국 요리에서도 육수는 중요하지만 일본에서 육수는 요리의 심장이자 생명수라고 할 정도로 중요한 부분으로 여겨진다. 야소다의 안내를 받으며 찾은 육수 가게는 여러 종류의 육수 재료를 오랜 세월 이어 온 기법으로 조합했다. 이 가게 저 가게 주인들과 인사를 나누며 시장을 돌고, 오사카 특유의 재래시장 분위기를 만끽하는 동안 이어진 야소다와 가게 주인들의 티키타카는 마치 만담을 나누는 듯 유쾌하고 즐거웠다. 이른 아침 재래시장 특유의 에너지에 이들의 대화에서 느껴지는 친근한 분위기가 함께 어우러지니 뭔가 찡한 감동이 느껴지기도 했다.

저녁이 되어 다시 한번 참여하게 된 오모 투어는 구시야키 串焼き : 꼬치구이 가게 방문이 1차, 2차, 3차로 이어지는 신세카이 투어였다. 역시 야소다 씨의 안내로 호텔을 나섰는데, 그녀가 안내한 곳은 신세카이 지역 안에서도 가장 딥한 잔잔요코초 ジャンジャン横丁 라는 곳이었다. 네 사람이 나란히 서기도 힘든 좁은 상점가를 걸으며 마치 타임슬립한 느낌의 오래된 가게들을 찾아 나섰다. 한국에

서도 이제는 보기 힘든 장기나 바둑을 두는 기원, 총을 쏴서 상품을 받는 사격장 등 옛 정취가 그대로 남아 있는 공간들이 이어졌다. 첫 번째 구시야키 가게는 장기나 바둑을 두던 기원으로 운영되던 곳이었다. 주인 아주머니는 한국에서 온 우리에게 자신이 재일교포 3세라면서 친근함을 표현했다. 모두 앉아도 10명이 채 앉을 수 있을까 하는 작은 공간에서 사장님은 OMO7 오사카의 숙박객을 위한 메뉴를 제공해 주면서 오사카스러운 화법으로 말을 걸어 왔다. 낯가림이 심한 사람도 신세카이 동네의 분위기에 빠져들 수밖에 없는 친근한 분위기였다. 두 번째, 세 번째 찾은 가게도 나름의 역사와 스토리를 갖고 자신들만의 메뉴를 선보이던 곳으로, 일용직 노동자들이 일을 마치고 소주 한잔과 구시야키 하나로 배를 채우던 분위기를 체험할 수 있었다.

## ┃ 오사카스러움에 대한 찬사

전국적으로 악명 높던 아이린 지구, 이곳에 호시노

악명 높은 우범지대의 변신, 오모7 오사카

리조트가 호텔을 개업한다고 했을 때 모든 사람들이 반신반의하거나 걱정을 했다. 하지만 학창시절 세계일주의 경험을 바탕으로 새로운 경험에 대한 도전을 두려워하지 않는 총지배인 나카무라와 오사카 토박이 야소다를 중심으로 한 개업 멤버들은 오사카스러움을 찾기 위한 긴 탐험과 노력으로 OMO7 오사카를 만들어 냈다.

다코야키, 문어, 호랑이, 오사카성 등 대표적인 오사카의 모티브를 호텔 인테리어와 어메니티 amenity : 호텔 내 편의 시설 및 서비스 곳곳에 녹여 낸 아이디어도 재미있었고, 오사카의 대표적인 메뉴를 재해석해 선보인 카페의 메뉴들도 인기가 많았다. 특히 디너 코스요리는 호시노야 도쿄의 프렌치 레스토랑 셰프가 직접 개발한 오사카만의 메뉴로 구성되었는데, 지역의 재료로 요리하고 담아내고 먹는 방식까지 지역의 역사와 스토리로 섬세하게 조화를 이루도록 만들어 내어 2시간이 넘는 긴 시간 동안 모든 메뉴에 오롯이 집중해서 즐길 수 있었다.

사실 개인적으로는 오사카에 대한 편견이 아주 강한 편이었다. 대학 첫 배낭여행으로 일본을 돌아보았을 때를 제외하고는 지금까지 다시 오사카를 찾을 이유가 딱히 없었고, 비슷한 취향의 남편도 일본 생활 20년이 넘도록 한두 번 학교 일로 다녀왔을 뿐이었다. 특유의 화려한 무늬, 요란한 성격 등 '오사카스럽다'는 말은 왠지 고급스러움과 세련됨을 좇던 나의 취향과는 맞지 않는다는 오만함에 빠져 있었던 것이다. 하지만 기즈 새벽시장에서, 좁은 골목 상가 잔잔요코초에서, 그리고 부산한 전철역을 마주한 이곳 호텔 야외정원에서 잠자고 있던 감각들이 하나둘 깨어남을 느꼈다. 그리고 지역 이름에 '스러움'이라는 수식어가 붙는다는 것은 어떤 의미에서는 굉장한 찬사라는 생각이 들었다.

어쩌면 호텔과 가장 어울리지 않았던 이 지역……. 그래서 이곳에 자리 잡는다는 것은 그 어떤 곳보다 힘들 테지만, 또 그렇기 때문에 가장 극적인 변화를 볼 수 있었는지도 모른다. 우범지역조차 두려워하지 않는 이들의 지역과 함께하는 진심 어린 행보는 정말 박수를 받을 만해 보인다.

**Chapter 11.**

## 쇠퇴한 온천 지역의 SOS, 카이 나가토

시모노세키항으로 유명한 야마구치현, 이곳에서도 가장 유명한 온천 여행지였던 나가토 유모토는 과거의 영광을 상실한 채 쇠퇴해 가고 있었다.

이곳의 시장은 지역을 살릴 방안으로 새로운 숙박시설을 만들어 달라고 호시노 리조트에 제안했지만, 호시노 대표는 이를 거절하고 온천 지역 전체 재생을 맡겨 달라는 역제안을 하게 된다.

## | 호시노의 역제안

　지난 반세기 동안 일본의 온천지는 격동의 시간을 거쳐 왔다. 고도 경제성장의 과정에서 온천지는 기업들이 일터에서 고생한 직원과 그 가족들을 위해 그동안의 고생에 대한 보상 차원에서 제공하는 '위안여행'의 공간으로 활용되어 왔다. 때문에 일본에서 오래된 온천지 숙박시설 대부분은 기업의 사원여행 등 단체여행을 위한 서비스와 객실, 대형목욕탕, 로비, 연회장 그리고 오락시설을 갖추는 것이 일반적인 형태였다.

하지만 버블경기의 붕괴와 함께 기업들의 위안여행은 줄어들었고 개인소득의 증가로 인해 여행의 형태도 단체여행에서 개인여행으로 바뀌어 갔다. 그 결과, 단체여행객을 대상으로 서비스를 제공해 왔던 숙박시설의 이용객은 점점 줄어들었고, 시설 또한 노후화되면서 경쟁력을 잃어 갔다. 특히 2008년 리먼 쇼크와 2011년의 동일본 대지진으로 인해 온천을 찾는 이용객이 전체적으로 줄어들자, 노후화된 숙박시설들은 설 자리를 잃어 갔다. 그리고 이러한 상황은 야마구치현에서 가장 오랜 역사를 자랑하는 온천지인 나가토 유모토長門湯本도 예외는 아니었다.

나가토 유모토는 부산과 가장 가까운 시모노세키에서 차로 한 시간 거리에 위치한 야마구치현을 대표하는 온천지이다. 나가토 유모토는 버블경기가 붕괴되기 이전까지 오사카부터 규슈에 이르는 서일본 지역에서 단체 관광객들이 가장 즐겨 찾는 온천지로 전성기를 누렸다. 그렇게 한 시대를 풍미했던 나가토 유모토도 1990년대 이후 급격히 쇠퇴하기 시작했다. 그리고 2014년, 150년의 역사를 자랑하며 나가토 유모토를 대표하는 호텔 중

의 하나였던 시라키야 그랜드 호텔 白木屋グランドホテル 이 23억 엔의 부채를 안고 도산[16]했다. 그런데 더욱더 심각한 문제는 시라키야 그랜드 호텔의 도산 후 채권단이 매물로 내어 놓았음에 불구하고 그 어느 누구도 인수하려 하지 않았다는 사실이다. 나가토시가 직접 나서서 인수해 줄 곳을 찾아 나섰지만, 결국 아무도 손을 들지 않았다. 그런 가운데 시간은 흘렀고, 호텔은 결국 유령의 집처럼 온천지의 경관을 해치는 존재로 전락했다. 상황이 점점 악화되자, 나가토시와 나가토 유모토 온천협동조합은 더 이상 방치하면 온천지를 찾는 관광객이 더욱더 줄어들 것으로 판단하고 이듬해인 2015년에 건물을 해체하기로 결정했다.

당시 나가토시 시장이었던 오니시 大西 는 시라키야 그랜드 호텔을 해체한 후 온천지를 살리기 위해 무엇인가 해야겠다고 생각하고, 일단 시라키야 그랜드 호텔의 토지를 비롯해 후계자가 없어서 방치되고 있던 작은 료칸의 땅을 매입하기 시작했다. 그리고 오니시 시장은 경

---

16 이토 마사토(伊藤暢人), 〈산음 지역 온천가 재생에 지역과 호시노 리조트가 손잡다(山陰の温泉街再生に, 地元と星野リゾートがタッグで臨む)〉 닛케이BP, 2019년 8월 1일.

호시노 리조트 스토리

제산업성이 주관하는 회의에서 만난 적이 있는 호시노 대표에게 시라키야 그랜드 호텔의 자리에 새로운 숙박 시설을 개발해 운영해 줄 것을 의뢰했다. 하지만 호시노 대표는 오니시 시장의 제안을 거절했다. 그 이유는 나가 토 유모토 온천지의 한 숙박시설만을 재생하는 것으로 는 지속적인 수익 창출이 불가능하다고 보았기 때문이 다. 오니시의 제안을 거절한 대신에 호시노 대표는 역으 로 시장에게 나가토 유모토 온천지 전체의 재생을 호시 노 리조트에게 맡겨 준다면 해보겠다고 제안했다. 호시 노는 온천지 전체를 재생할 경우 사업의 추진 금액 자체 의 규모가 커지면서 다양한 시도가 가능하기 때문에 수 익을 창출할 수 있는 가능성이 더 높아질 것으로 판단했 던 것이다.

오니시 시장은 호시노 리조트의 제안을 듣고 어차피 온천지의 재생을 주도하는 것이 호시노 리조트라면 전 부 맡기는 것도 나쁘지 않다고 생각했다. 그 후, 두 사람 은 '나가토 유모토 온천관광지역 개발계획'을 관민협력 의 형태로 진행하는 것에 합의하는 계약을 맺었고, 언론 은 호시노 리조트가 쇠퇴해 가는 온천 지역 전체를 재생한다는 소식에 높은 관심을 보였다.

본격적으로 프로젝트를 진행하기 위해 준비하고 있을 즈음 두 사람에게 반가운 소식이 들려왔다. 그것은 나가토 유모토 온천협동조합의 경영자들이 호시노 리조트를 적극적으로 도와서 지역 전체의 재생을 도모하기로 했다는 것이었다. 일반적으로 생각했을 때 여러 온천지의 숙박시설들이 라이벌인 호시노 리조트와 협력을 도모한다는 것은 쉽지 않은 결정이다. 그렇다면, 나가토 유모토의 젊은 온천료칸 경영자들은 왜 호시노 리조트와 손을 잡기로 한 것일까? 그들의 결정의 배후에는 기무라 요시토 木村隼斗 [17]라는 존재가 있었다. 기무라는 한국의 행정고시에 해당하는 국가공무원 1급 시험에 합격해 경제산업성에 채용된 공무원이었다. 그러던 그가 나가토시에서 근무하게 된 것은 아베 정권이 추진한 엘리트 관료들을 대상으로 한 '지방창생 지역활성화 인재지원제도' 때문이었다. 기무라는 이 제도에 지원해서 나가토시의 지역 활성화라는 목적을 달성하기 위해 2015년에 나가

---

17 기무라 요시토(木村隼斗), 〈나가토 유모토 온천 마을, 관민이 함께 지속 가능한 온천지 조성에 나서다(長門湯本温泉まち 官民で取り組む持続可能な温泉地づくり)〉《월간 사업구상(月刊事業構想)》 2023년 5월호.

토시로 파견되어 왔다.

　나가토시에 부임한 기무라는 먼저 시 내의 100여 곳의 중소기업을 돌면서 조사를 진행했다. 기무라가 조사를 진행한 업종은 식품부터, 제조업, 건설업, 관광업까지 다양했다. 기무라는 그중에서도 나가토 유모토 온천협동조합에 끌렸다. 왜냐하면 온천협동조합의 청년부에 속해 있는 30~40대의 젊은 온천료칸의 후계자들이 온천 지역의 재생을 위해 무언가 하고 싶어 하는 의욕은 강하지만, 아버지들이 아직 주도권을 쥐고 있어서 아무것도 하지 못하는 상황에 불만이 많다는 사실을 발견했기 때문이다. 기무라는 서두르지 않고 조금씩 온천협동조합의 젊은 경영자들과 이야기를 계속 나누어 갔다. 그런 가운데, 온천지의 변화를 이끌어 내기 위해서는 외부의 힘이 필요하다는 결론에 도달했다. 특히, 기무라가 이야기한 젊은 경영자들 중에 나가토 유모토에서 가장 큰 규모의 료칸인 오타니산소 大谷山荘 의 후계자 오타니와 온천협동조합의 조합장으로 있는 료칸 교쿠센가쿠 玉仙閣 의 이토, 이 두 사람이 기무라의 의견에 찬성해 준 것이 결정적이었다. 두 젊은 경영자는 지금 이대로 아무것도 하지 않은 채 방치하면 온천지의 모든 숙박시설이 나락으로 떨어질 것이라고 생각했고 다른 료칸의 경영자들을 설득했다.

## | 공무원, 지역주민, 전문가가 뭉쳤다

지역 이해관계자들의 협력을 얻은 후, 호시노 대표는 독자적으로 조사한 결과를 바탕으로 나가토 유모토의 재생을 위해서 다음의 여섯 가지 요소를 구현할 필요가 있다고 나가토시에 제안했다. 호시노가 제안한 여섯 가지 요소는 '온천', '먹거리', '문화체험', '온천지의 동선', '인스타그램 등에 실을 때 그림이 되는 장소' 그리고 '휴식공간'이었다. 기무라는 호시노의 제안을 듣고 이것은 나가토 유모토의 특성을 잘 활용할 수 있는 스마트한 아이디어라고 생각했다. 하지만 기무라는 아무리 좋은 제안이라고 하더라도 이곳에 살고 있는 지역주민들의 적극적인 참여 없이는 실현할 수 없다고 생각했다. 그래서 지역주민들을 참여할 수 있도록 할 때까지 시간을 줄 것을 부탁했다. 그리고 기무라는 지역주민들이 가장 반대하는 세 가지 문제를 해결하는 데 착수했다.

첫 번째 해결해야 하는 과제는 나가토 유모토 온천지에 있는 레이토礼湯와 온토恩湯 두 온천의 이전에 주민들이 반대한다는 것이었다. 이곳 지역주민들은 왜 레이토와 온토의 이전을 반대하는 것일까? 먼저 레이토는 예로부터 신분이 높은 사람들만이 이용하는 온천으로, 이곳의 이전을 위해서는 절 관계자와 지역유지들의 이해가 필요했기 때문이다. 한편, 주민들이 누구나 이용할 수 있는 온토로 불리는 대중목욕탕의 이전을 반대한 것은 리노베이션을 할 경우 지금보다 이용료가 오를 것으로 생각되었기 때문이었다.

기무라는 먼저 레이토의 문제를 해결하기 위해 지역 절의 주지였던 이와타 스님을 찾아가 상의했다. 주지스님은 역사적인 문헌을 근거로 레이토의 위치는 계속 바뀌었다고 지역주민들에게 설명했고 주민들은 레이토의 위치를 옮기는 것에 동의했다. 한편, 온토는 리노베이션을 할 경우 매일 이용하는 주민들로서는 이용요금이 올라간다는 것이 부담으로 작용했다. 이 문제를 해결하기

쇠퇴한 온천 지역의 SOS, 카이 나가토

위해, 오타니와 이토 두 젊은 경영자가 사재를 털어 온토를 새로 만들고 지역주민들에게는 납득할 수 있는 요금을 설정해서 온토의 리노베이션을 이끌어 냈다.

레이토와 온토의 이전에 관한 문제가 해결되자 기무라는 두 번째 과제에 착수했다. 자동차가 다니는 길을 줄이고, 관광객들이 걸어서 온천지를 탐방할 수 있는 동선을 확보하는 것이었다. 도심을 벗어나면 어느 지역이나 그렇듯 자동차 없이는 아무것도 할 수 없다. 하지만 호시노가 제안한 이동 동선을 확보하기 위해서는 차선을 줄일 필요가 있었다. 그런데 이렇게 되면 지역주민들의 이동은 힘들어지고 불편해진다. 기무라는 이 문제를 해결하기 위해 며칠 동안 주민들과 같이 사회적 실험을 추진했다. 만약에 재생 프로젝트를 구현하면 자신들의 삶이 어떻게 바뀌는지를 알 수 있도록, 차선을 하나로 줄이고 마켓을 열어 관광객이 동네를 활보하고 즐기도록 하는 실험을 추진했다. 실제로, 실험 기간 동안 소문을 들은 관광객이 나가토 유모토를 찾았고, 주민들은 오랜만에 동네가 활기찬 모습을 보면서 다소 불편을 감수하더라도 재생 프로젝트를 추진하는 데 협조하기로 약속했다.

이렇게 차근차근 지역주민과 문제를 해결해 나가면서 프로젝트의 기반을 다져 가던 가운데, 기무라에게는 가장 중요한 세 번째 과제만이 남아 있었다. 그것은 바로 온천지에 산재한 빈집 문제였다. 일본의 대부분의 지역이 그렇듯 나가토 유모토도 주민의 고령화로 인해 발생하는 빈집 문제의 해결은 가장 어려운 숙제였다. 기무라는 이 문제를 해결하기 위해 필요한 예산을 먼저 확인했다. 재생 프로젝트를 추진하기 위해서는 예전에 무사와 스님들만이 이용 가능했던 레이토로 불리는 온천 샘원과 일반 대중이 이용하던 온천 샘원인 온토의 이전 및 리노베이션, 사회적 실험에 기반을 둔 마을의 인프라 정비, 그리고 호시노 리조트의 새로운 시설을 만드는 데 20억 엔이 필요하다는 사실을 파악했다. 기무라는 필요한 예산을 살펴보는 가운데 료칸과 마을의 외형만 바뀌어서는 속 빈 강정일 뿐이기 때문에 관광객들이 한 번은 올지 몰라도 계속 찾아오지는 않을 것 같다는 생각을 하게 되었다. 기무라가 이를 호시노와 오니시 시장에게 이야기하자, 두 사람은 그의 생각에 공감했다. 그래서 기무라는 본격적으로 빈집을 활용해 콘텐츠를 중심으로 온천지를

213

쇠퇴한 온천 지역의 SOS, 카이 나가토

디자인하는 작업으로 방향을 전환했다.

먼저, 온천지의 빈집을 활용한 재생 프로젝트를 담당할 기업들의 공모를 진행했다. 그 과정에서 만난 기업이 마을 만들기를 테마로 한 디자인 전문가 이즈미 히데아키 泉英明, 유한회사 하트비트 플랜의 대표 였다. 처음에는 이 프로젝트 이야기를 들은 이즈미도 회의적이었다. 그 이유는 재생 프로젝트의 진행 목표가 너무 성급하다고 생각했기 때문이다. 하지만 기무라와 함께 나가토 유모토 온천지를 둘러보면서 생각이 바뀌었다. 이즈미가 생각이 바뀐 데에는 세 가지 이유가 있었다.

첫 번째는 나가토 유모토의 멋진 자연경관을 살리고 싶었고, 두 번째는 좋은 온천과 좋은 료칸들을 젊은 세대가 지켜 내려고 하는 열정에 감동받았기 때문이다. 그리고 세 번째로는 기무라와 호시노 리조트 개발 준비팀의 직원들이 지역주민과 함께 무엇인가를 해보려는 모습이 인상 깊었기 때문이다. 이즈미는 자신과 같이 일해 온 전문가들에게 참여할 것을 제안했고 다양한 전문가들이 모여들었다. 이렇게 모인 마을 만들기 콘텐츠 전문가 그룹과 기무라를 리더로 하는 나가토시의 공무원, 그리고 호시노 리조트의 직원들이 중심이 되어 소프트웨어 부분에 초점을 맞춘 논의가 본격적으로 시작되었다.

이들은 한 달에 한 번 정기적으로 모여서 8시간의 마라톤 회의를 진행했다. 그리고 이 회의는 전부 43번 열렸다. 그야말로 모두가 나가토 유모토 온천에 매력적인 콘텐츠를 담기 위해 자신들의 모든 열정을 쏟아부었던 것이다. 그리고 이러한 과정은 원래 나가토 유모토와는 전혀 관계가 없었던 전문가들조차 빈집을 구매해서 자신들의 가게를 만드는 결과로 이어졌다. 일례를 들면, 조명 전문가였던 나가마치는 자신의 돈으로 선물가게를 오픈했고, 다른 한 디자이너는 빈집을 셰어하우스로 리노베이션해서 운영하기 시작했다. 전문가들이 프로젝트가 끝나면 자신의 일이 다 끝났다며 떠나는 것이 아니라, 나가토 유모토를 제2의 거점으로 두고 계속 관계를 가지기 시작한 것이다.

이처럼 전문가 집단이 빈집을 활용해 만들어 낸 다양한 매력적인 콘텐츠는 쇠퇴해 가는 온천지를 호시노가 최초에 나가토시에 제안했던 여섯 가지 요소를 충족시키는 공간으로 탈바꿈시켰다. 뿐만 아니라, 지역주민

들과 연계한 다양한 이벤트도 지속적으로 전개되기 시작했다. 실제로 우리가 방문했을 때 열려 있던 '우타아카리 うたあかり : 시와 빛'라는 시 낭송과 조명을 조화시킨 이벤트는 지역의 초등학생과 같이 만든 작품으로 감동의 순간을 만들어 내고 있었다. 이러한 좋은 콘텐츠가 지속적으로 나오자, 나가토 유모토는 야마구치현의 주민들이 주목하는 새로운 핫 플레이스가 되었다. 그리고 그 중심에는 호시노 리조트의 '카이 나가토'가 있다.

## | 이방인이 아닌 지역 구성원으로 참가하는 프로젝트

카이 나가토에 일하는 60여 명의 스탭들은 나가토시에 거주하면서 지역주민들과 깊은 관계를 만들어 가고 있다. 일례로 카이 나가토의 미호三保 지배인이 어느 날 오픈 직전에 서둘러 뛰어가고 있을 때였다. 한 주민이 미호 지배인을 불러 세우더니 삼각김밥을 손에 쥐여 주었다고 한다. 호시노 리조트의 직원들이 항상 바쁘다는 걸 알기에 끼니를 못 챙겨 먹었을까 싶어 걱정되어, 엄마가

아들 걱정하듯이 삼각김밥을 손에 쥐여 준 것이다. 이와 같은 동네 주민들과의 관계는 호시노 리조트가 이방인이 아닌 이 지역 료칸의 하나로 자리 잡고 있음을 보여주고 있다.

그런데 카이 나가토가 오픈한 지 얼마 되지 않아 위기가 찾아왔다. 나가토시에 시장 선거가 있었는데, 온천지 재생 프로젝트에 관계한 주민들은 오니시 시장이 선거에서 이기길 바랐지만 결과는 그 반대였다. 이 소식을 들은 재생 프로젝트 관계자들, 특히 온천협동조합의 젊은 경영자들과 호시노 대표는 앞으로 재생 프로젝트가 어떻게 될지 모른다는 불안감에 휩싸였다. 그동안 이 프로젝트에 배당된 시의 예산 및 다른 지원들이 모두 중단되면 2030년을 목표로 해서 추진하고 있는 모든 일들이 타격을 받기 때문이었다. 하지만 다행히 새로 부임한 시장도 나가토 유모토의 재생 프로젝트에 관한 시책은 변함 없이 그대로 지원하는 결정을 내렸다. 나가토 유모토 지역의 재생은 정치적 대립을 넘어서는 가치를 가지고 있었기 때문이다.

나가토 유모토의 재생 프로젝트는 이제 겨우 시작일

뿐이고, 2030년까지 계획대로 진행될 예정이다. 그럼에도 불구하고, 나가토 유모토 재생 프로젝트가 성공적이라는 평가를 받고 있는 이유는 무엇일까? 기무라와 같은 공무원의 존재, 시장의 리더십, 전문가 집단의 지역 기반 매력적인 콘텐츠, 그리고 호시노 리조트의 추진력 등을 들 수 있지만 가장 근본적인 요인을 꼽으라면 그것은 이 모든 이해관계자들이 이방인의 시점이 아닌 지역주민의 시점으로 열정을 가지고 참여하고 있다는 점일 것이다.

흔히 많은 재생 프로젝트가 초기에는 외부의 도움으로 지역의 매력을 창출해서 순조롭게 스타트를 끊지만, 결국 시간이 지나서 외부의 도움이 사라지면 다시 금방 쇠퇴하는 경우가 많다. 그 이유는 이해관계자들이 지역의 당사자가 아닌 이방인으로 관여하고 떠나 버리기 때문이다. 기무라, 이즈미, 그리고 호시노 리조트는 바로 이러한 점을 너무 잘 알고 있었기 때문에 그들이 당사자로서 계속 관여할 수 있는 방법으로 '나가토 유모토 마을 만들기 주식회사 長門湯本まちづくり株式会社'를 만들었다. 그리고 이 회사에 나가토 유모토의 재생 프로젝트에 관

여한 이해관계자가 모두 참여함으로써 자연스럽게 당사자로서 지속적으로 관여할 수 있게 되었다. 특히, 경제산업성으로 복귀할 시기가 된 기무라는 관료로서의 안정적인 출세의 길을 포기하고 이 회사로 적을 옮겼다. 그야말로 재생 프로젝트 이해관계자들의 온천지 재생을 이루고 말겠다는 열정이 나가토 유모토의 부활을 만들어 내고 있는 것이다.

## ▌ 쇠퇴한 온천지들의 희망

일본에는 지금 예전의 단체 사원여행이 붐을 이루던 시기의 유산으로 남아 있는 온천지의 피폐한 숙박시설들이 넘쳐난다. 온천 지역 주변에는 과거에 단체여행객을 상대로 장사를 해오다 지금은 낡은 간판만 남아 있는 빈집 또한 산재해 있다. 제2, 제3의 나가토 유모토가 일본 전국에 수없이 존재하고 있는 것이다. 이런 가운데 피폐해진 온천지도 살아날 수 있다는 것을 증명해 내고 있는 나가토 유모토의 도전은 다른 지역의 온천지에도 희망을 주고 있다. 후계자도 없고, 시설을 재생시킬 열정도 없었던 이들에게 아직 포기하기는 이르다는 메시지를 주고 있는 것이다.

나가토 유모토의 재생은 아직 진행형이다. 2030년 프로젝트가 마무리되었을 때, 피폐한 다른 온천지들에게 어떤 희망을 안겨 줄 수 있을지 기대가 된다.

# Chapter 12

# 리조트의 미래 고객 확보 전략, 베브

젊은이들이 여행의 즐거움을 모른 채 나이를 먹는다면 앞으로 관광업계는 어떻게 될까?
미래의 고객을 성장시켜 나가는 것도 관광업계의 역할이라 믿은 호시노 리조트는
BEB를 통해 미래 고객 확보 전략을 실천했다.
이는 현재에 안주하지 않고 미래를 준비하는 호시노 리조트의 도전정신을 엿보게 한다.

## | 국내 관광객과 젊은 고객층을 공략한다

    일본 관광업계에서 오랫동안 정설로 통했던 고객전략 두 가지가 있다. 하나는 '젊은이보다 시니어층을 노려라'라는 것이었다. 시니어층은 현재 일본에서 가장 자유롭게 여행을 즐길 수 있는 시간과 돈을 가지고 있기 때문이다. 또 다른 하나는 '국내 여행객보다는 외국인 관광객을 잡아라'라는 것이었다. 중국을 비롯해 점점 증가하는 외국인 관광객을 타깃으로 해야 고수익을 창출할 수 있다고 보았기 때문이다. 하지만 호시노 리조트의 전략은 그와는 정반대이다.

　호시노 대표는 시니어층과 외국인 고객을 중심으로 상품을 쏟아 내는 일본 관광업계의 정설에 대해 "과연 시니어층을 공략하는 정설이 타당한 것일까?", "정말 국내 여행객보다 외국인 관광객을 노리는 것이 높은 수익을 창출하는 길일까?" 하는 의문을 제기했다. 호시노 리조트는 이러한 의문에 대한 답을 찾고자 외국인 관광객이 과연 더 수익을 가져올 대상인지 '여행 관련 보고서'[18]의 '여행 지출비'에 대한 항목을 살펴보았다. 보고서에 따르면, 코로나가 시작되기 이전인 2019년 당시 여행객들이 소비한 여행 지출금액은 내국인이 82.8%였고, 외국인 관광객은 17.2%였다. 즉, 여행자들이 일본의 숙박시설, 여행사 그리고 여행지에서 소비한 비율을 봤을 때 압도적으로 내국인들이 소비한 지출이 더 크다는 것을 뜻하고 있었다. 호시노는 실제와 달리 일본 관광산업을 주도하는 소비 주체가 외국인 관광객으로 인식되어 온 것은 외국인 관광객에 포커스가 맞추어진 미디어의 보도에 그 원인이 있다고 보았다. 그리고 이 결과를 토대로

18 관광청, 방일 외국인의 소비 동향(訪日外国人の消費動向).

호시노 리조트는 내국인들을 만족시킬 수 있는 여행 컨셉을 만드는 것에 더욱더 집중하기 시작했다.

그런데 내국인을 만족시킬 수 있는 여행 컨셉을 만들기 전에 한 가지 더 파악해야 할 문제가 있었다. 그것은 바로 일본 국내여행의 80%를 차지하는 여행객들 중에 어떤 특성을 가진 사람들에 초점을 맞추어야 할지를 정하는 것이었다. 물론 오랜 관광업계의 정설을 따르면 시니어층에 포커스를 맞추는 것이 당연했다. 하지만 호시노 리조트는 그러한 정설을 무조건 믿고 따르지 않고 역으로 다른 관광업계 회사들이 관심을 보이지 않는 젊은 층의 여행에 대한 의식을 파악하는 데 집중했고, 제일 먼저 살펴본 자료가 일본 관광청의 데이터였다.

일본 관광청이 조사 분석한 자료를 보면, 일본 젊은 층의 여행 수요는 국내, 국외를 불문하고 하락 추세에 있다는 사실은 명확했다. 관광청의 자료가 제시한 근거를 보면, 먼저 젊은 층은 해외여행에 필요한 여권을 발급받는 숫자가 급격히 감소하고 있었다. 이뿐만이 아니라 젊은 층에게 여행에 대한 의식을 파악하기 위한 조사를 실시했을 때, 그들은 취미를 여행으로 꼽는 숫자가 눈에 띄게 줄어들어 있었다.

이러한 두 가지 점을 바탕으로 호시노 리조트는 왜 젊은 층이 여행에 대해 그렇게 무관심한지를 조사하기 시작했다. 그리고 결론은 관광업계가 젊은 층이 매력을 느낄 만한 여행상품을 제공하지 못하고 있으며 동시에 대부분의 젊은 층이 여행에 대한 즐거운 기억을 가지고 있지 않다는 것이었다. 오히려 수학여행 같은 경험을 통해 여행에 대해 부정적인 의견을 가지고 있는 경우가 대부분이라고 파악되었다. 대부분 중학교와 고등학교 시절 수학여행을 가는데 그 코스가 그렇게 즐겁지 않았던 것이다.

여행에 대해 즐거운 추억을 가지지 못한 채 학창시절을 보내고 사회초년생이 된 20~30대는 이제 시간과 수입이 생겼으니 자신들이 원하는 여행지로 여행을 떠나지 않을까 하는 생각이 든다. 그런데 일본에는 사회초년생의 여행 의지를 꺾는 또 다른 요인이 있다. 그것은 해외여행보다 일본 국내여행의 비용이 더 많이 드는 국내 교통 인프라의 문제였다. 예를 들어 신칸센 요금만 보더라도 도쿄에서 오사카로 이동하는 신칸센 비용이면 서울이나 타이페이에 가는 것이 더 싸다. 물론 젊어서 고

생은 사서 한다며 야간버스 등을 이용하는 경우도 있지만, 시간도 많이 걸리고 몸도 고생이다. 이렇게 이동을 해서 맛집을 돌아다니다 보면 그다음 문제는 숙박시설의 비용이다. 어떻게 해서든 이동과 숙박의 비용을 줄이려고 하다 보니 결국 선택하게 되는 것은 비즈니스 호텔이다. 그런데 비즈니스 호텔은 가격은 저렴하지만 일상을 벗어난 여행의 기분을 떨어뜨린다.

이와 같은 요인들을 종합해 보면 대다수의 젊은 층에게 있어서 여행이란 매력적인 요소라기보다는 시간과 돈을 낭비하는 대상인 것이다. 이 결과 자연스럽게 20대와 30대의 여행 수요는 점점 감소할 수밖에 없다. 그리고 관광업계는 여행의 니즈가 감소하고 있는 젊은 층을 타깃으로 하기보다는 시니어층에 더욱더 집중해 그들을 위한 여행상품을 내어 놓고 있는 것이다.

## | 이자카야 이상, 여행 미만

호시노 리조트는 장기적인 시점으로 봤을 때 젊은

세대가 여행에 무관심하다고 해서 그것을 그대로 방치하면 후에 여행산업을 지탱할 소비자가 사라질 수도 있다고 판단했다. 그래서 호시노 리조트는 전략적 분석을 통해 미래의 소비자를 스스로 육성한다는 전략을 세우고, 인지도가 가장 낮은 층인 20대에 포커스를 맞춘 상품을 내놓았다. 그것이 바로 '카이 여행 20대 界タビ20s'라는 프로젝트였다. 이 프로젝트는 20대에 한해서 호시노 리조트가 운영하고 있는 온천료칸 브랜드 '카이'를 1만 9000엔의 합리적인 숙박요금으로 이용할 수 있도록 한 것이다. 동시에 호시노 리조트는 젊은 층에게 홍보하기 위해서 SNS의 해시태그 랠리 전략을 통해 젊은이들에게 친숙한 콘텐츠를 알려 나갔다. 그러면서 본격적으로 젊은 층에게 여행의 즐거움을 실감하게 할 수 있도록 하기 위해 포커스 그룹 인터뷰를 기반으로 한 조사를 추진했다.

이 조사의 책임을 맡은 호시노야 가루이자와의 총지배인 가네코金子는 20~30대의 남녀를 대상으로, 3인 1조의 인터뷰를 수차례 실시했다. 그리고 분석한 결과를 보니 재미있는 내용이 있었다. 그것은 20~30대의 젊은 층은 여행을 '어디로 가는지'가 중요한 것이 아니라 '누구와 여행을 가서 시간을 보내는지'를 더 중요시한다는 사실이었다. 이뿐만 아니라 더 놀라운 사실은 20대와 30대가 생각하는 여행의 이동거리는 '집 근처 역에서 편도 30분, 전철요금 500엔'으로 호시노 리조트를 비롯해 관광업계 종사들의 상식을 뒤엎는 짧은 거리였다. 호시노 리조트는 이 점에 주목해 20~30대가 바라는 거리와 시간에 맞춘 '이지 투어리즘 easy tourism'을 구현하는 데 공을 들였다. 그리고 그 결과 나온 컨셉이 바로 '이자카야 이상, 여행 미만 居酒屋以上 旅未満'이었고, 이것은 젊은 층을 타깃으로 한 새로운 브랜드 BEB 베브 의 컨셉으로 자리 잡았다.

　호시노 리조트는 '이자카야 이상, 여행 미만'을 컨셉으로 한 BEB를 나가노현의 가루이자와와 이바라키현의 쓰치우라에 오픈했다. 그리고 오픈과 함께 젊은 층이 가지고 있는 여행에서 느끼는 귀찮음과 불편함을 불식시키기 위한 서비스를 고안해 냈다. 먼저, 숙박자가 29세 이하인 경우 가루이자와는 객실 하나에 1만 5000엔, 쓰치우라는 1만 2000엔으로 설정했다. 즉, 3명이 한 방에 묵으면 1명당 4000~5000엔으로 묵을 수 있도록 한 것이다. 그리고 이러한 가격을 성수기와 비수기 구분 없이 고정시켰다. 그것은 20~30대의 젊은 층이 호텔의 가격이 요일, 시기에 따라 천차만별인 것에 납득하지 않고 있다는 사실을 조사결과에서 파악하고 있었기 때문이다.

즉 호텔의 입장에서는 시간이 지나면 소모되어 버리는perishable 상품인 객실을 최적의 가격에 제공해서 수익을 극대화하는 레비뷰 매니지먼트revenue management 이지만, 이것에 대해 젊은 층이 거부감을 가지고 있다는 사실에 주목해, 호시노 리조트는 호텔업계가 가진 수익구조의 정석에서 벗어나 BEB의 경우는 금액을 고정시켰다. 그러면서 한 걸음 더 나아가 체크인과 체크아웃 시간을 느슨하게 했고, 식재료나 드링크의 반입도 자유롭게 했다. 어떻게든 20대와 30대의 젊은 층이 호텔을 이용하기 쉽도록 문턱을 낮추고, 부담 없이 이용할 수 있도록 만들었다. 그야말로 '누구와 가서 무엇을 할지를 스스로 정하는' 과정을 방해하지 않으면서 이들이 자유롭게 시간을 보낼 수 있도록 하는 데 모든 서비스의 주안점을 둔 것이다.

실제로 필자가 방문했을 당시 BEB5 가루이자와의 지배인이었던 오쓰카는 고객들에게 무엇을 도와 드릴까 하고 다가가는 서비스가 기존의 호시노야, 카이 그리고 리조나레 브랜드의 서비스였다면, BEB는 고객들이 하고 싶은 것을 하는 데 최대한 방해하지 않고 필요할 때 적절한 타이밍에 다가가는 방관자적인 혹은 관찰형 서비스를 지향하고 있다고 설명했다. 그리고 이러한 서비스는 BEB가 오픈 후 짧은 시간에 젊은 층의 지지를 받는 시설로 자리 잡는 데 중요한 역할을 했다.

흔히, 고객의 타깃을 정할 때 시니어층이 수요가 압도적이라면 굳이 숫자가 적은 층을 대상으로 하는 것은 효율적이지 않다고 말한다. 하지만 호시노 리조트는 다르게 생각했다. 즉, 지금 젊은 층이 여행의 즐거움을 느끼고 알지 못하면, 이들이 과연 시니어층이 되었을 때 여행을 다닐까? 이들이 만약에 여행의 즐거움을 모른 채 나이가 들면 그때 관광업계는 괜찮을까? 이미 그때는 버스가 지난 뒤이기 때문에 돌이킬 수 없다. 따라서 미래의 고객을 지금부터 같이 성장시켜 나가는 것도 관광업계가 해야 할 중요한 역할이고, 그것을 지금 호시노 리조트는 BEB를 통해 실현해 낸 것이다. 그야말로 현재의 고객에만 안주하지 않고 미래의 고객에 주안점을 두는 호시노 리조트의 독특한 도전의 모습이 엿보인다.

# Chapter 13

# 호시노 리조트는 '마케팅 회사'다!

호시노 리조트는 여느 호텔과 같이 객실과 식음료 그리고 액티비티 같은 공간과 서비스를 제공하는 회사이지만 정작 자신들은 호시노 리조트를 '마케팅 회사'라고 부른다.

전 스탭이 IT기술을 익히고 개발에 참여하며, 리트를 통한 투자금을 확보하고, 현장 출신으로 PR팀을 꾸리는 등 호시노 리조트가 상식을 뛰어넘어 시도해 온 숨겨진 무기에 관한 스토리를 풀어 본다.

## ▎ 전 스탭의 IT 인재화

히사모토 에이지 久本英司 [19] 는 도쿄의 IT기업에서 일
하던 중 2003년 삭막한 도시에서 벗어나 가루이자와로
이주할 결심을 했다. 히사모토는 가루이자와의 자연 속
에서 평화로운 일상을 즐기기 위해 아내와 같이 집을 짓
기로 하고 대출을 받기 위해 은행을 찾아갔다. 하지만 히

---

19 히사모토 에이지(久本英司), 〈프론트, 식사 제공, 청소, 그리고 IT도 '환대' – 호
시노 리조트가 그리는 '전 직원 IT 인재화 계획'의 본질(フロント, 食事提供,
清掃, そして IT も 「おもてなし」 星野リゾートが描く 「全社員 IT 人材化
計画」 の本質)〉《데이터의 시간(データの時間)》 2022년 6월.

사모토는 전혀 예상치 못한 상황에 직면했다. 은행이 대출을 거절했기 때문이었다. 은행 직원에게 가루이자와에 이주해서 직장을 구할 예정이라고 설명을 했지만 은행은 전혀 상대해 주지 않았다. 아무리 과거에 번듯한 회사를 다녔다고 하더라도 앞으로 어떤 일을 할지 모르는 사람에게 대출을 해줄 수 없었던 것이다.

어떻게 해서든 가루이자와에서 살고 싶었던 히사모토는 은행 직원에게 "어떤 회사에 다니면 대출을 받을 수 있는지" 물었다. 직원은 "호시노 리조트 같은 회사라면 전혀 문제가 없다"고 이야기했다. 히사모토는 바로 호시노 리조트를 찾아갔다. 그는 IT기업에서 일한 시스템 엔지니어로서의 경력밖에 없는 자신이 일할 곳이 있는지 물었다. 호시노는 2003년 당시 소프트뱅크를 시작으로 일본의 IT 벤처기업들이 급속히 성장하고 있는 상황을 보며 언젠가 호시노 리조트도 IT를 도입할 필요가 있지 않을까 하고 생각하고 있던 차였고, 때마침 찾아온 히사모토를 채용하게 되었다.

그런데 히사모토는 막상 채용된 이후에 IT 직원은 본인뿐이라는 것을 알게 되었다. 게다가 IT 부서가 관여할 만한 업무인 프론트 관련 서비스는 전부 외부의 시스템을 도입해 사용하고 있어 히사모토가 당장 할 일은 없었고, 프린트와 복사기의 잉크를 바꾸거나 종이를 채우고, 필요한 게 없는지 돌아다니며 시간을 보냈다.

그런 가운데 호시노 리조트는 재생사업을 통해 점점 운영을 위탁받은 시설들이 늘어나고 있었다. 이때 호시노 리조트의 리피터 고객들 사이에서는 한 가지 불만이 끊임없이 제기되고 있었다. 그것은 온라인여행사 OTA 들이 운영하는 예약 중개 사이트를 이용해서 예약할 경우 고객들이 원하는 숙박 상품과 매칭이 잘 이루어지지 않는다는 것이었다. 예를 들어 어떤 온라인 예약 사이트의 경우, 아이에게 침구는 필요하지만 식사는 필요 없다고 설정하면 예약이 진행되지 않는 일이 발생했다. 숙박요금 역시 예약 사이트에 따라 차이가 났다. 호시노는 외부의 온라인 예약 시스템이 고객들의 시간과 만족도를 저하시킨다고 보고 히사모토에게 함께 회사 내에서 모든 시스템을 개발 운영할 수 없을지 물었다.

히사모토는 사내에서 IT 출신의 직원을 찾아서 5명의 팀을 꾸렸다. 그리고 오프쇼어 offshore: 저비용으로 최적화된 시스템 개발을 외부에 의뢰하는 방식 개발을 통해 외부 업체들 중에 호시노 리조트의 시스템을 개발하는 데 최적의 업체를 찾기 시작했다. 하지만 호시노 리조트에 최적화된 시스템은 찾을 수 없었다. 어쩔 수 없이 히사모토와 팀원들은 스스로 자사 홈페이지의 예약이 최저가 요금으로 제공되는 시스템 개발을 시작했다. 그러면서 체크인, 체크아웃 등 고객들이 가장 불만이 많았던 부분부터 문제를 해결해 나갔다. 그리고 동시에 고객들에 관한 모든 정보를 서비스를 담당한 직원들이 입력하면 자동적으로 고객관리와 고객만족도 조사로 이어지는 시스템을 개발했다. 이렇게 비용과 인력이 충분하지 않은 상황에서 2010년까지 히사모토를 리더로 한 정보시스템 개발팀은 10명까지 인원을 늘렸고, 호시노 리조트 내에서 최소한의 개발과 외부에 발주를 병행하면서 운영을 해 나갔다.

그런 가운데 사내에서 한 가지 문제점이 지속적으로 제기되기 시작했다. 서비스팀에서 개선사항을 개발팀에 전달하면 해결되기까지 시간이 많이 걸린다는 것이었다. 2018년부터 정보시스템 개발팀에 합류한 후지에 따르면, 아무래도 서비스팀에서 일한 경험이 있는 직원이 없다 보니 개발-운영-개선-도입의 과정에서 지속적으로 시차가 발생할 수밖에 없었다. 히사모토와 후지는 호시노에게 이러한 시차를 해결하기 위해서는 서비스 부문과 시스템 개발이 분리된 문제를 해결해야 한다고 주장했다. 그리고 서비스 부문의 피드백을 적절히 반영하기 위해서는 외부에 발주하는 시스템을 중지하고, 대신에 현장에서 일하는 직원들을 IT 담당인 정보개발팀에서 일할 수 있도록 만들어야 한다고 제안했다. 호시노는 두 사람의 의견에 공감했고, 히사모토에게 서비스와 IT 부문의 통합을 이룰 방안을 모색하도록 했다. 그리고 그 결과물로 탄생한 것이 '전 스탭의 IT 인재화' 전략이었다.

'전 스탭의 IT 인재화'란 서비스 현장의 요구를 바로 시스템 개발에 반영하는 것을 전제로, 호시노와 경영진을 시작으로 신입사원에 이르기까지 모든 직원들이 IT 인재로서의 역할 수행이 가능하도록 한다는 것이었다. 물론, 호시노 리조트의 경우 인재 채용에 들어가는 예산이 한정적이고, IT 인재를 계속 채용할 수만도 없는 상황이다 보니 서비스를 제공하는 현장직원들이 IT 인재가 된다는 것은 멀티태스크의 영역을 확장하는 효과도 있다고 보았다.

　'전 스탭의 IT 인재화' 전략이 본격적으로 추진되자 서비스 부문에서 일하던 IT 지식 제로의 직원들이 정보시스템 개발팀에 합류하기 시작했다. 고타케 준코 小竹潤子 도 그중에 한 명이었다. 고타케는 원래 호시노야에서 식사 서비스 등을 담당하고 있었다. 그러던 그녀가 2019년 6월에 이 팀으로 이동했다. 그렇다면 어떻게 IT 지식 제로인 서비스 부문의 직원이 정보시스템 개발팀에 합류할 수 있었던 것일까? 그것은 호시노 리조트의 정보시스템 개발팀에서는 시스템 개발을 추진할 때 코드 지식이 전혀 없어도 단기간의 학습으로 프로그램을 개발할 수 있는 '노코드·로코드 방식'을 채택하고 있었기 때문이다. 물론 이 방식에는 한계가 있어서 고도의 지식을 요하는 코딩의 경우는 전문적인 엔지니어링 지식을 가진 직원이 도움을 줄 수밖에 없었다. 하지만 이러한 모든 과정이 고타케에게는 IT부문을 책임지는 직원으로 성장해 가는 과정이기도 했는데, 이를 통해 구매나 출장 신청 프로그램, 신규로 오픈하는 시설의 채용관리 프로그램, 직원들의 출장 신청이나 주소 변경신고 등의 관리 프로그램을 개발했다. 고타케가 개발한 프로그램을 보면 이것을 정말 코딩 지식이 없는 직원이 했다는 것이 믿기지 않는다. 고타케는 "정보시스템 개발이라고 하는 것은 혼자서 하는 것이 아니라 팀으로 하는 작업입니다. 이런 점에서 서비스와 다를 바가 없습니다. 그리고 저는 어려운 시스템을 개발한다기보다는 업무를 개선하는 일이라고 생각하고 있습니다. 직원들이 더 편하게 일할 수 있게 되고, 현장의 일이 더 즐겁게 되어서 고객들이 더 만족할 수 있게 되니까 의미가 있다고 생각합니다"라고 이야기한다.

실제로, '전 스탭의 IT 인재화'를 추진한 이후, 현장에서 코딩 관련 지식이 없는 현장직원들의 참여는 눈에 띄게 늘어났다. 실제로 정보시스템 개발 부문의 직원 수가 35명으로 증가했고, 결과물로 단기간에 800개가 넘는 사내의 업무를 개선하는 앱이 쏟아져 나왔다.

그러던 가운데 코로나가 터졌고, 바로 그때 현장으로부터 SOS가 들려왔다. 코로나 상황에서 온천이라는 공간에 사람들이 많이 모이지 않도록 고객들이 객실에서 현재 붐비는 정도를 파악할 수 있는 시스템을 개발해달라는 내용이었다. 온천 관리팀으로부터 이야기를 들은 정보시스템 개발팀의 직원들은 현장 출신의 직원들을 중심으로 집중적으로 작업에 뛰어들었다. 그리고 6주라는 단기간에 QR코드로 온천의 붐비는 정도를 체크할 수 있는 프로그램을 만들어 냈다. 그리고 이를 전 시설에 바로 공유했고, 시설마다 사용하면서 발견한 문제점을 제안받아 바로바로 수정해 나갔다. 그 후, 이 시스템은 현재 다른 호텔에서도 도입되어 대부분의 온천을 가진 대형 숙박시설에서 활용되고 있다.

## | 호시노 리조트의 보이지 않는 힘, 리트

1991년 호시노 온천료칸의 4대째 경영자로 자리 잡은 호시노는 1980년대 버블 붕괴로 인해 리조트 수요가 줄고 공급 과잉이 된 상태에서 수많은 리조트 기업들이 부채를 안고 도산하는 광경을 보았다. 특히 일본에서 리조트 회사들이 타격을 입은 이유는 대부분의 리조트 회사들이 토지와 건물을 소유하고 스스로 운영하는 방식을 취하고 있었기 때문이다. 리조트 회사가 토지와 건물을 소유하기 위해서는 엄청난 양의 자금이 필요하다. 때문에 금융기관에서 대출을 받게 되는데 그렇게 되면 자연히 부채가 쌓이게 된다. 실제로 리조트 회사들이 토지와 시설을 융자를 받아 개발했을 경우 부채를 상환하는 데만 평균 15년이 걸린다. 그리고 부채 상환을 마무리하는 시기가 되면 시설의 노후화가 시작되어 다시 유지관리에 돈이 들어가게 된다. 그러면 리조트의 성장 속도는 느려지고 결국 부채를 증가시키지 않고서는 리조트의 확대가 불가능하게 된다.

호시노는 이와 같은 비효율적인 리조트 경영 구조의 문제점을 일찍이 간파하고, 호시노 리조트와 같이 자본력이 약한 가족기업이 성장하기 위해서는 부동산 부분의 리스크를 취하는 것을 피하고, 세계 리조트 경영의 표준인 소유와 운영의 분리를 통해 운영에 특화한 기업으로 살아남는 것이 필요하다고 생각했다. 운영 전문의 기업이 되면 리조트 프로젝트가 증가하더라도 부채는 증가하지 않고 리조트 시설의 수익에 따라 운영에 대한 대가를 받을 수 있어 리스크를 최소화하면서 성장이 가능할 것으로 보았다.

2008년에는 리먼 쇼크가 발생하자 전 세계 투자자들이 일본의 관광사업에 투자하기를 꺼려 했고, 금융기관들은 대출에 소극적인 모습을 보였다. 그러자 실적이 좋았던 리조트와 료칸들조차도 자금난으로 인해 위기에 놓였다. 호시노는 이러한 상황을 보면서 장기적으로 안정적인 리조트 운영이 가능한 재무환경을 구축할 필요성이 있다고 생각했다. 그리고 그는 고민 끝에 관광사업에 기반을 둔 리트REIT; Real Estate Investment Trust 를 통한 자금 확보의 길이 최선이라고 결론지었다. 여기서 말하는 리트란 다수의 투자자로부터 모은 자금으로 아파트, 오피스빌딩, 상업시설 등의 부동산을 구입하여 임대수입 및 매매차익을 투자자에게 환원하는 금융상품이다.

호시노는 리트를 도입하기 위해 자신들이 운영하는 시설에 투자자들을 모아 시설 설비에 투자자들의 투자금을 활용하고, 리조트 운영의 수익을 투자자들에게 배당하는 '호시노 리조트 리트 투자법인'을 설립했다. 그리고 호시노 리조트 리트를 상품화하는 원천이 되는 자산을 제공하기 위해 선대부터 소유해 온 시설인 호시노야 가루이자와와 재생사업에 성공한 시설 여섯 곳의 소유권을 포기하고 리트에 내놓았다. 호시노는 이를 통해 150억 엔 정도의 소규모 금융상품을 출시해 도쿄증권거래소에 상장시킴으로써 안정적인 자금확보가 가능한 환경을 조성하는 데 성공했다.

호시노 리조트 리트는 상장 후 150억 엔의 소규모로 출발했지만 성공적인 운영 성과에 힘입어 지속적인 투자를 이끌어 내는 데 성공했다. 그 결과, 리트에 대한 투자금은 더욱더 확대되었고 그 투자금은 호시노 리조트가 프로젝트를 확대할 수 있는 기반을 마련했다. 2020년 시점에 호시노 리조트 리트는 1627억 엔 규모로 10배 이상 성장했다.

물론 호시노가 선대로부터 내려온 부동산의 소유권을 포기하고 이를 리트에 넣음으로써 투자금을 확보해 시설 운영을 안정적으로 할 수 있게 된 것은 좋았지만, 한편으로 단점도 있었다. 호시노 리조트가 자금 운영에 관한 의사결정에 있어서 투자자들에게 사용처에 대한 설명을 하고 승인을 받아야 하는 부분에서 의사결정에 시간이 걸린다는 점이었다. 그럼에도 불구하고 리트의 형태로 장기적인 운영을 위한 재무환경을 만든 것은 호시노 리조트에게 큰 의미를 가진다. 시설 운영에 특화한 기업으로서 프로젝트의 속도를 가속화할 수 있었고, 규모도 동시에 확대할 수 있는 시스템을 마련했기 때문이다.

## ❙ 호시노 리조트 = 마케팅 회사

호시노 리조트의 프레스 발표회를 처음 경험한 건 지금으로부터 10년 전의 일인데, 그 당시 직원들의 프레젠테이션은 다소 충격적이었다. 아오모리야의 직원이 빨간 망토를 입고 사과를 든 채 연극을 하듯 퍼포먼스를 보여 주었는데, 다 큰 어른들이 유치원생 학예회 같은 연출을 한다는 것 자체에 대한 놀라움과 모든 것을 즐기고 있는 듯한 그들의 굉장한 에너지에 대한 여운이 지금까지도 남아 있다.

후에 호시노 대표를 만나 이야기를 나누었을 때, 아오모리야의 발표에 대한 이야기를 하면서 그러한 프레스 발표의 컨셉은 본사의 마케팅 부서에서 전체적인 플랜을 짜서 지시를 내리는지 물었다. 호시노 대표는 프레스 발표에 등장한 각 시설들은 시설의 홍보 담당자와 직원들이 스스로 아이디어를 내서 발표한다고 대답했다. 그 이야기를 들으면서 직원들이 이렇게 능동적으로 그리고 즐기면서 할 수 있는 마케팅 파워의 원천은 무엇일까 궁금했다. 솔직히 부끄러울 수도 있는 프레스 발표를 직원들이 즐기면서 한다는 것은 위에서 시킨다고 할 수 있는 것은 아니기 때문이다. 특히 호텔에서 오랜 기간 마케팅을 담당한 필자의 입장에서 보면 호시노 리조트의 마케팅의 힘은 어디서 나오는지 꼭 알고 싶었다. 그리고 그 답은 CMO Chief Marketing Officer 인 사쿠라이와의 인터뷰를 통해 찾을 수 있었다.

사쿠라이에게 호시노 리조트의 마케팅에 대해서 질문을 했을 때, 그가 제일 처음 꺼낸 이야기는 "사내에서는 호시노 리조트를 '호텔 운영 회사'라고 부르기보다는 '마케팅 회사'라고 부른다"는 것이었다. 이 말을 듣는 순간 그간의 궁금증이 한 번에 풀리는 느낌이었다. 모든 시설이 제각각의 매력을 발산하고, 컨셉을 구현해야 하는데 이것을 본사에서 모두 관리하는 것은 불가능에 가깝다. 하지만 모든 시설과 모든 직원이 호시노 리조트를 마케팅 회사로 여기고 동시에 스스로가 마케터로서 일하고 있다면 가능할지 모른다는 생각이 들었다.

이어서 사쿠라이는 왜 시설의 직원들이 마케팅의 프로가 되어야 하는지 그 이유를 설명했다. "호시노 리조트의 많은 운영시설들 가운데 그 시설에 대해 가장 잘 아는 이들은 그곳의 직원들입니다. 그들만이 고객들이 서비스를 어떻게 받아들였는지, 어떤 점에서 만족해하고 어떤 점에서 불만이 있는지 정확하게 실시간으로 파악하고 있습니다. 따라서 고객의 의견을 바탕으로 무엇을 해야 자신이 속한 시설의 고객만족도를 높일 수 있는지 그들이 가장 잘 알 수 있기 때문에 직접 마케팅하는 것이 가장 좋다고 생각하며, 그들이 주도적으로 마케팅을 진행하고 있습니다"라고 말했다. 그러면서 이렇게 덧붙였다.

"호시노 리조트의 홍보 담당 직원들은 모두 서비스 부문에서 적어도 3년 이상의 경험을 가진 직원들이며, 그들은 마케팅 아이디어가 나왔을 때 고객들이 어떻게 받아들일지 현장과 잘 소통할 수 있습니다. 즉, 홍보를 담당하는 직원들도 현장 경험이 있기 때문에 고객의 얼굴을 떠올리면서 홍보를 해 나갈 수 있는 것입니다."

사쿠라이의 이야기를 들으면서 나는 또 다른 질문을 던졌다. 호시노 리조트는 재생사업을 시작했을 때부터 항상 아이디어를 만들기 전에 조사를 실시한다고 하는데 그건 어떤 외부 전문기관에 의뢰하는가 하는 것이었다. 그 조사결과가 마케팅의 방향을 정하는 중요한 요소라고 생각했기 때문이다. 그런데 내 질문에 대해 돌아온 대답은 의외의 것이었다. 시설의 컨셉 및 매력을 만드는 모든 과정의 전제가 되는 조사를 직원들이 책임을 지고 실시하고 있다는 것이었다. 외부 조사기관에 의존하지 않고 시설의 직원들 주도로 조사를 실시하는 것을 이렇게 설명했다.

"예를 들어, 리조나레 고하마지마의 경우 유니매트라는 회사로부터 운영 위탁을 받았을 때 호시노 리조트에서 고하마지마로 들어간 직원들과 예전의 유니매트 시절부터 있던 직원들이 같이 조사를 실시했습니다. 그렇게 조사를 실시하면서, 그들은 프라이빗 해안과 발리 분위기의 객실을 찾는 커플들을 타깃으로 하는 상품이 필요하다는 조사결과에 맞추어 매력회의를 거듭한 끝에 오키나와에서 가장 로맨틱한 리조트 컨셉을 만들어 낼 수 있었습니다. 바로 조사를 외주화하지 않고 직원들이 직접 했기 때문에 로맨틱한 해변, 카페 그리고 객실을 가진 컨셉을 만들어 낼 수 있었다고 생각합니다."

실제로 호시노 리조트가 운영을 위탁받기 전에 고하마섬의 리조트는 골프장, 수영장 등 특별한 컨셉 없이 단지 따뜻한 섬에 있는 리조트라고 하면 있어야 할 것을 구색 맞추기 식으로 갖추어 두고 운영하는 형태였다. 하지만 호시노 리조트는 고하마섬을 찾는 고객의 니즈를 조사해서 '로맨틱'을 컨셉으로 정했고, 이것은 오키나와의 다른 리조트와 차별화를 이루어 냈다.

"고객에게 서비스를 제공하는 시설의 직원들이 직접 조사하고 매력회의에서 아이디어를 찾는 과정은 호시노 리조트에서 바로 가장 중요한 '뇌'와 같은 역할을 합니다. 흔히 본사의 마케팅팀을 본부 개념으로 생각하는 경우가 많지만, 호시노 리조트 본사 마케팅팀의 역할은 각 시설마다 고객 서비스를 통해 개발한 상품을 미디어를 통해 알려 나가는 역할을 담당하는 것에 지나지 않습니다. 각 시설 주도로 조사를 실시해서 그 결과를 바탕으로

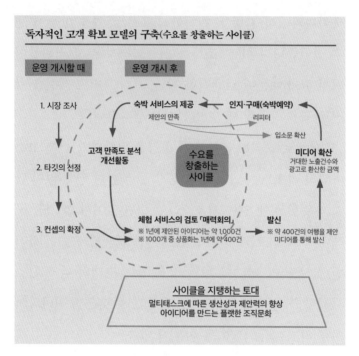

**독자적인 고객 확보 모델의 구축**(수요를 창출하는 사이클)

운영 개시할 때    운영 개시 후

1. 시장 조사    숙박 서비스의 제공    인지·구매(숙박예약)
제안의 만족    리피터
입소문 확산

고객 만족도 분석    **수요를**    **미디어 확산**
개선활동    **창출하는**    거대한 노출건수와
**사이클**    광고로 환산한 금액

2. 타깃의 선정

체험 서비스의 검토 「매력회의」    발신
※ 1년에 제안된 아이디어는 약 1,000건    ※ 약 400건의 여행을 제안
※ 1000개 중 상품화는 1년에 약 400건    미디어를 통해 발신

3. 컨셉의 확정

**사이클을 지탱하는 토대**
멀티태스크에 따른 생산성과 제안력의 향상
아이디어를 만드는 플랫한 조직문화

호시노 리조트의 마케팅 사이클

새로운 아이디어를 내고 그리고 저희 본사가 발신하는 사이클을 유지시켜 나가는 것이 무엇보다 중요하고, 이것이 이루어지지 않으면 지금의 호시노 리조트는 없다고 생각합니다."

사쿠라이의 이야기를 들으면서 납득을 하면서도 계속 무언가 마음에 걸리는 부분이 있었다. 그것은 '호시노 리조트 직원들이 서비스도 하면서 조사를 실시하려면 아무래도 업무 부담이 커져서 효율적인 서비스가 힘들 수도 있는데 왜 굳이 직원들이 직접 조사를 하는 것일까? 오히려 전문 조사기관에 의뢰하는 것이 더 낫지 않나?'라는 생각이었다. 이러한 의문에 대해 사쿠라이는 대답했다.

"저희들이 하는 방식이 반드시 좋다고 단정할 수는 없습니다. 그리고 한편으로 생각하면 보다 효율적으로 요령 있게 운영을 할 수 있는 방법도 있다고 생각합니다. 그러나 호시노 리조트는 크리에이티브한 회사를 지향하는 것을 전제로 하면서 동시에 다른 호텔에 비교해도 전혀 뒤떨어지지 않는 서비스를 제공하려고 하고 있습니다. 실제로 다른 호텔들은 직원들이 스스로 조사하고 매력을 만들고 서비스를 제공하고 다시 분석하고 매력을 만드는, 이런 시간과 노력이 많이 들어가는 것은 하지 않습니다. 그러나 저희 호시노 리조트는 다른 호텔이 하지 않는 것을 힘이 들지만 하기 때문에 차별화되고 있다고 생각합니다."

사쿠라이의 설명을 들으면서 호시노 리조트에서는

어떻게 각 시설별로 이렇게 다양한 서비스, 상품, 액티비티가 만들어질 수 있었는지 이해할 수 있었다. 여느 호텔들처럼 본사가 각 시설에 개별적으로 마케팅 전략을 짜서 지시했다면 그 시설을 찾는 고객의 니즈에 맞는 서비스가 적절하게 제공되기는 힘들었을 것이다.

호시노 리조트는 쉬운 방법을 찾지 않았다. 전원 마케팅의 자세로 일하고 본사는 시설에서 만들어 낸 상품 및 서비스를 적절하게 미디어에 발신해 주는 플랫폼의 역할을 담당하는 데 충실함으로써 최고의 마케팅 효과를 창출해 낸 것이다. 이런 과정을 보면 호시노 리조트의 직원들이 왜 호시노 리조트를 '리조트 운영 회사'가 아니라 '마케팅 회사'라고 부르는지 납득이 간다.

현재 많은 호텔들이 호시노 리조트에서 해오던 콘텐츠들을 모방하고 마케팅 방식을 따라 하고 있다. 그러니 호시노 리조트로서도 경쟁 업체들과 차별화를 유지하기 위해서는 항상 새로운 것에 도전해 나가야 한다는 부담이 있을 법도 하다. 하지만 호시노 리조트는 그것에 대해 개의치 않는 것처럼 보인다. 그 이유는 호시노 리조트의 과거와 현재에서 찾을 수 있었다. 직원들이 누군가의 지시를 기다리지 않고, 스스로 생각하고, 힘들지만 보람을 느끼며 일하는 문화에 빠져 있는 호시노 리조트. 다른 호텔들이 호시노 리조트의 외형적인 부분은 모방할 수 있을지 몰라도, 직접 마케팅의 주인공이 되는 직원들의 열정은 따라 하기 쉽지 않아 보인다.

## 호시노 대표는 지금 어디에 있을까?

호시노 요시하루 대표 인터뷰

이 질문이 뜬금없게 들릴 수도 있다. 하지만 그가 1년에 60일을 스키를 타기 위해 세계 곳곳을 여행한다는 사실을 알게 되면, 그의 행방이 궁금해지는 것도 무리는 아니다. 일본의 무더운 여름에는 뉴질랜드 등 해외로 나가 스키를 타고, 겨울이 오면 일본 전국과 해외를 누비며 '스키 60일' 목표를 달성하기 위해 분투한다. 더구나 도쿄 본사의 사장실조차 없는 상황이라면, 자연스럽게 묻고 싶어진다. 호시노 대표는 지금 어디에 있을까?

여기까지만 들으면 '정말 팔자 좋은 사장'으로 보일

수도 있다. 하지만 호시노 대표가 찾는 곳은 단순히 유명한 스키장이 아니다. 그가 찾는 스키장은 작지만 스토리와 매력을 지닌 장소들이다. 이러한 스키장을 탐방하는 것이 그의 일상이 되면서, 호시노 대표는 유명 관광지보다 오히려 스토리가 담긴 작은 마을들에서 더 큰 매력을 느끼게 되었다. 그는 그곳의 숨은 가치를 발견하고, 더 많은 사람들에게 이를 알리는 일에 주력해 왔다. 직원들과 함께 지역의 매력과 가치를 발굴하며 해당 지역을 활성화시키는 데 몰두해 온 것이다.

그리고 지금, 호시노 대표는 또 다른 도전에 나서고 있다. 호시노 리조트의 경영에만 머물지 않고, 일본 관광산업 전체의 발전을 위해 정책 변화를 이끄는 '정책 기업가'로서의 역할을 수행하고 있는 것이다. 호시노 리조트의 성공이 일본 관광산업의 전반적인 성장과 함께 이루어지기를 바라며, 지속 가능한 성장을 목표로 하고 있다.

특히, 이번 인터뷰에서 그가 강조한 주제는 팬데믹 이후 급증한 관광객으로 인해 지역주민들이 일상생활의 평온을 잃고 있다는 불만이 커지고 있는 '오버투어리즘 overtourism '문제였다. 흔히 외국인 관광객이 찾아와 돈을 쓰고 가면 그 지역에 좋은 일이라고 생각하기 쉽다. 그러나 지역주민들의 입장에서 보면 상황은 다르다. 관광객들이 편의점 앞에서 술을 마시고 쓰레기를 방치하거나, 후지산이 보이는 도로 한가운데에서 사진을 찍어 교통사고의 위험을 높이는 등 생활에 큰 불편을 초래하는 사례들이 늘고 있다. 이러한 문제는 언론을 통해 '오버투어리즘'이라는 이름으로 불리며 사회적 이슈로 떠올랐다. 하지만 관광업계와 정부에 큰 영향력을 가진 호시노 대표는 이 문제를 언론에서 다루는 것과는 다른 시각으로 접근하고 있다.

호시노 대표는 '오버투어리즘'이라는 말 자체가 잘못되었다고 주장한다. 도쿄, 교토, 오사카, 후쿠오카, 후지산 같은 유명 관광지에 관광객이 몰린다고 해서 일본 전체가 과잉 관광 문제를 겪고 있다고 생각하는 것은 오해라는 것이다. "교토나 나라보다 아름다운 곳도 많고, 후지산보다 멋진 산들도 많은데, 외국인 관광객들이 특정 지역에만 집중되는 것이 문제"라고 그는 지적한다. 그러면서, 호시노 대표는 자신이 좋아하는 스키장을 예로 들며 설명을 이어 갔다. "일본에는 500~600개의 스키장이 있지만, 사람들은 몇몇 유명 스키장에만 몰린다. 이것이 '오버 컨센트레이션 over concentration: 과도한 집중 ' 문제인데, 이를 오해하는 경우가 많다." 그는 이어서 "지금 필요한 것은 '일본 관광산업이 위기다'라는 구호를 외치는 것이 아니라, 호시노 리조트처럼 비즈니스적인 접근을 통해 이 문제를 해결하고 관광산업 전체를 발전시키는 것이 중요하다"고 강조했다.

호시노 대표의 이야기를 듣다 보면 자연스럽게 우리나라 상황이 떠오른다. 한국에도 아름다운 지역들이 많지만 외국인 관광객들은 주로 서울, 제주도, 부산 같은 유명 관광지에 집중된다. 숨겨진 보석 같은 지역들이 제대로 알려지지 않고 있는 것 같다는 생각이 든다.

호시노 대표는 단순히 리조트 경영을 넘어, 일본 관광산업 전반을 변화시키려는 '정책 기업가'로서 활약하고 있다. 그는 경영과 정책을 넘나들며 새로운 길을 모색하고, 일본 관광산업의 전반적인 성장을 목표로 구체적인 방향을 제시하고 있다. 특히 호시노 리조트의 차별화된 서비스는 직원들과 함께 지역마다의 특색을 살려 무엇을 어떻게 할지를 실천으로 보여 주는 좋은 사례다.

호시노 대표와의 대화를 통해 떠오르는 궁금증은, 사장실도 없이 1년에 60일 이상 스키를 타고 다니며, 관광산업 문제를 미디어와 정부에 제언하는 바쁜 일정 속에서 어떻게 최고의 리조트를 이끌 수 있을까 하는 점이다.

그 비결은 그의 독특한 리더십에 있다. 호시노 대표는 겨울에는 일본, 여름에는 해외를 돌며 스키를 타는 동시에 숨겨진 지역 관광의 매력을 끊임없이 찾아낸다. 환갑을 넘긴 나이에도 사장실 같은 권위적인 공간을 두지 않으며, 현장의 직원들에게 전적으로 신뢰를 보내고 책임을 맡기는 사고방식을 유지하고 있다. 이러한 열린 태도와 신뢰의 리더십이 호시노 리조트를 최고의 리조트로 성장시킨 원동력이다.

호시노 대표의 접근 방식은 단순한 리조트 운영을 넘어, 일본 관광산업에 새로운 패러다임을 제시하며 그 성장을 이끌어 가는 중요한 힘이 되고 있다.

---

이 글은 2024년 10월 2일 호시노 요시하루 대표와의 인터뷰를 정리한 글입니다.

# 참고문헌

## 도서

- 나카자와 야스히코(中沢康彦), 《호시노 리조트 사건부(星野リゾートの事件簿)》닛케이BP, 2009.
- 나카자와 야스히코(中沢康彦), 《호시노 리조트 사건부 2: 왜 고객은 감동하는가?(星野リゾートの事件簿2 なぜお客様は感動するのか?)》닛케이BP, 2021.
- 나카자와 야스히코(中沢康彦), 《호시노 리조트의 교과서: 서비스와 이익을 양립시키는 법칙(星野リゾートの教科書-サービスと利益両立の法則)》닛케이BP, 2010.
- 노카타 아키코(のかたあきこ), 《손길로 느끼는 일본 여행: 호시노 리조트 온천료칸 '카이'의 즐기는 법(手わざの日本旅 星野リゾート 温泉旅館「界」の楽しみ方)》여행요미우리출판사, 2024.
- 닛케이디자인(편), 《호시노 리조트의 환대 디자인(星野リゾートのおもてなしデザイン)》닛케이BP, 2018.
- 다키자와 노부아키(瀧澤信秋), 《신랄한 평론가 호시노 리조트에 묵어보다(辛口評論家, 星野リゾートに泊まってみた)》고분샤, 2019.
- 마에다 하루미(前田はるみ), 《사장도 모르는 호시노 리조트: '플랫한 조직문화'에서 직원들이 스스로 움직이기 시작한다

(トップも知らない星野リゾート「フラットな組織文化」で社員が勝手に動き出す)》PHP연구소, 2018.
- 켄 블랜차드·존 P. 칼로스·앨런 랜돌프(공저), 호시노 요시하루(감역·감수),《직원의 힘으로 최고의 팀을 만들다 - 개정판 1분간 엠파워먼트(社員の力で最高のチームをつくる-〈新版〉1分間エンパワーメント)》다이아몬드사, 2017.


## 잡지&신문

- 구도 노리오(工藤憲雄),〈아오모리·도와다(10) 오이라세 호텔 재생(青森·十和田(10) 奥入瀬のホテル再生)〉《니혼게이자이신문(日本経済新聞)》2014년 9월 20일.
- 니혼게이자이신문(日本経済新聞),〈HISTORY 호시노 요시하루(10) 가업 개혁에 착수(HISTORY 星野佳路氏(10) 家業の改革に着手)〉2020년 10월 16일.
- 닛케이MJ(日経MJ),〈호시노 리조트, 미국 유학 '프로 경영자'를 배우다(星野リゾート, 米国留学『プロの経営者』学ぶ)〉2020년 10월 2일.
- 사토 다이스케(佐藤大介),〈지역 외 투자로 인한 숙박사업 전개(地域外からの投資による宿泊事業の展開)〉《Japan Travel Bureau Foundation》2018년 11월, pp.29-41.
- 우에세토 다모쓰(上勢頭保),〈"다케토미섬을 보물섬으로" 선두에 서서 관광의 섬으로 키운다("竹富島を宝の島に"先頭に立って観光の島へ育てる)〉《SHOKOKAI》2016년 8월, pp.34-36.

- 호시노 요시하루(星野佳路), 〈리조트 재생에의 도전(リゾート 再生への挑戦)〉《77 비즈니스 정보(七十七ビジネス情報) (여름호)》2006년 7월 14일, pp.29-35.

- 히사모토 에이지(久本英司), 〈프론트, 식사 제공, 청소, 그리고 IT도 '환대' - 호시노 리조트가 그리는 '전 직원 IT 인재화 계획'의 본질(フロント, 食事提供, 清掃, そしてITも「おもてなし」星野リゾートが描く「全社員 IT 人材化計画」の本質)〉《데이터의 시간(データの時間)》2022년 6월.

- IT 미디어 비즈니스 온라인(IT MediaビジネスOnline), 〈"글램핑 시장에 가격 경쟁이 일어날 것이다" - 붐의 선구자, 호시노 리조트가 추진하는 '생존 전략'(「グランピング市場に価格競争が起こる」ブームの火付け役, 星野リゾートが仕掛ける"生き残り戦略")〉 2021년 10월 19일.

## 방송

- NHK, 〈프로페셔널 일의 방식: 리조트 재생의 달인 호시노 요시하루의 일(プロフェショナル仕事の流儀 リゾート再生請負人 星野佳路の仕事)〉(DVD) 2006.